JN279859

税制改革シミュレーション入門

橋本 恭之 著

税務経理協会

は　し　が　き

　本書執筆の目的は，次の2つである。1つは，学部のゼミナールないしは，学部の租税論の講義で使用するテキストを作成することである。いま1つは，わが国の税制改革の方向性を考えるための参考資料として，各種の税制シミュレーションを提示することである。この2つの欲張った目的を達成するために，本書では税制改革のシミュレーションを提示するうえでは，計算結果だけでなく，計算手法についてもできるだけ丁寧な説明を心がけたつもりである。本書で紹介している税制シミュレーションが必ずしも最新のデータを使用したものでない理由は，卒業論文等で新たなシミュレーションを試みることを読者に期待したからである。

　税金に関心を持つ人は多い。新聞や雑誌などで税金の問題は数多く取り上げられているし，ハウツーもの本も数多く出版されている。学生の卒業論文では，安易にこれらの記事の切貼りで済まそうとするケースが多い。本書執筆の主たる動機は，経済学的な見地から租税の問題に取り組む手助けをすることである。

　卒業論文として税制改革をテーマにするならば，まず現行の制度がどのようなものかを正確に把握しなければならない。これは意外と難しい。たとえば，わが国の所得税制がどの程度の累進性を保持しているかを知るためには，税法で規定されている税率表をみるだけでなく，納税者の分布をも調べなければならない。税率表のうえできわめて高い限界税率が設定されていたとしても，その最高税率が適用される納税者が1人もいなければ，それは飾りにすぎない。

　税制改革をテーマにするなら，規範的な側面からの考察も欠かせない。本書は，学部レベルのテキストとして使用することを念頭においたため，租税理論的に考えてどのような税制が望ましいのかという議論については，深く掘り下げてはいない。また，税制のシミュレーションについても，税制改革による家計や企業行動の変化などから生じる2次的な効果を考慮に入れた分析も行って

いない。そのため，本書で行ったシミュレーションは学部生でも十分再現可能なはずである。税制改革の議論には，本書では無視したこれらの分析が必要であることも確かである。しかし，わが国の税制論議は，本書で提示したような税制の実態や税制改革が分配状況に及ぼす1次的な影響を計測する研究ですら，量的に不足しているのが現状である。表層的な事象にとどまらず，統計データを駆使して，事実を確認することは社会科学を学ぶものにとって地味ながら大切な作業である。

　本書の各章での内容は以下のようにまとめることができる。第1章は，税制改革の議論を扱ううえで，最低限の知識をまとめたものである。「公平」「効率」「簡素化」という租税原則に基づいて，わが国の税制改革の方向性について概観したものとなっている。第2章は，わが国の所得税改革におけるフラット化について考察するための材料を提供している。具体的には，最近の税制改革が所得分配状況に及ぼした影響を計測した。また，諸外国の税制と比較も試みている。第3章は，近年行われてきた所得税体系から消費税体系への移行が何を目指したものかを明らかにしたうえで，その移行がもたらす逆進性というデメリットにどのように対処すべきかを考える。第4章は，最近の法人税改革の議論ではなぜか無視されることが多い，法人税の性格についての議論を整理したうえで，法人改革の方向性について考察している。第5章は，一般に非常に重いと考えられている相続税負担の現状を把握することを目的としている。第6章では，地方の自主財源の拡大のためには，どのような改革が必要なのかを考える。第7章では，税制と年金制度の間の相互依存関係を明らかにしたうえで，年金改革に連動してどのように年金課税の問題を考えるべきかの材料を提供している。第8章では，本書で紹介したシミュレーションを再現するための計算手法，データの作成方法について詳しく解説している。最後に本書を用いて読者自らが税制シミュレーションを行う際の資料収集に役立つ手段としてのインターネットの利用方法についても紹介している。

　本書は，筆者がイギリス滞在中にこれまで各種の専門誌に発表してきた論文で使用した各種の税制シミュレーションを利用して新たに書き下ろしたもので

はしがき

ある。イギリス滞在の主たる目的は，イギリスの税制改革についての研究であった。その研究は，常に比較の対象としての，日本の税制改革についても考察することで，本書をまとめるうえでも役立つものであった。関西大学経済学部から在外研究員の機会を与えていただいたことに改めて感謝したい。本書で示した税制改革のシミュレーションの手法の多くは，筆者が大学院時代に各種の研究プロジェクトにおいて実践的に身につけてきたものである。大学院時代だけでなく，いまもなお，あらゆる機会を通じて御指導をいただいている大阪大学教授本間正明先生に深く感謝したい。本間先生以外にも数多くの諸先生方にも御指導をいただいてきたが紙数の関係でお名前を挙げることのできない非礼をお詫びしたい。

また，本書をまとめるにあたっては，筆者の学部のゼミの出身者であり，現在関西大学大学院の呉善充氏には，全体を通して読んでもらいミスを指摘していただいた。本書の編集に際してお世話になった税務経理協会の定岡久隆氏にも感謝したい。

最後に私事にわたるが，筆者のイギリスでの単身赴任中に幼い子供たちの面倒を1人でみる苦労をかけた妻早苗に本書を捧げたい。

2001年6月

橋本　恭之

目　次

はしがき

第1章　今後の税制改革のあり方について　1

第1節　税制改革の課題と租税原則……………………1
　(1)　公　平　性……………………1
　(2)　効　率　性……………………4
　(3)　簡　素　化……………………9
第2節　税制改革の短期的課題……………………12
　(1)　ライフサイクル消費の変化……………………14
　(2)　実効限界税率の変化……………………17
第3節　税制改革の長期的課題……………………19
　(1)　所得税のフラット化……………………19
　(2)　法人税改革の課題……………………21
　(3)　資産課税の改革……………………22
　(4)　地方税改革……………………23

第2章　個人所得税の改革　27

第1節　村山税制改革による個人所得税・住民税の
　　　　負担構造の変化……………………27
　(1)　所得階層別の影響……………………28
　(2)　ライフサイクルの税負担……………………32
　(3)　所得税・住民税改革の問題点……………………34
第2節　経済のグローバル化と所得税……………………36

(1)　各国の所得税制……………………………………………36
　(2)　所得税負担の日米比較……………………………………40

第3章　消費税の改革　47

第1節　消費税の廃止・凍結論 ……………………………47
第2節　所得税体系から消費税体系への移行 ……………49
第3節　消費税の複数税率化 ………………………………52
　(1)　逆進性の計測………………………………………………52
　(2)　複数税率化と納税方式……………………………………55
第4節　簡易課税制度，免税水準の見直し ………………58

第4章　法人税の改革　63

第1節　法人税の性格と現状 ………………………………63
　(1)　法人税の転嫁………………………………………………63
　(2)　法人犠牲説と法人実在説…………………………………66
　(3)　法人税課税の現状…………………………………………68
第2節　法人税改革の視点 …………………………………69
　(1)　引当金・準備金の見直し…………………………………70
　(2)　フリンジ・ベネフィット課税……………………………72
　(3)　法人税と個人所得税の統合………………………………75
　(4)　連結納税制度………………………………………………77

第5章　相続税の改革　81

第1節　資産形成における相続の実態 ……………………84
第2節　相続税負担の数量分析 ……………………………86

(1) 相続税改正の推移……………………………86
　　(2) 1992年度改正以前の相続税負担………………88
　第3節　相続税の強化………………………………97

第6章　地方税制改革　101

　第1節　地方歳入システムの再検討 ……………………101
　第2節　税源の重複 …………………………………103
　　(1) 所得税と住民税 …………………………………104
　　(2) 法人税と法人住民税・事業税 ……………………105
　　(3) 消費税と地方消費税 ……………………………106
　　(4) 地価税と固定資産税 ……………………………106
　第3節　地域間の税収格差 …………………………107
　第4節　村山税制改革と地方消費税の導入 ……………111
　第5節　今後の地方税制改革の方向について……………117
　　(1) ドイツの共同税 ………………………………118
　　(2) 所得税・住民税の共同税化 ……………………121
　第6節　国から地方への財政移転の見直し ……………123
　　(1) 国庫支出金 ……………………………………123
　　(2) 地方交付税 ……………………………………125

第7章　年金改革と年金税制　131

　第1節　厚生省の5つの選択肢………………………131
　第2節　世代別公的負担のシミュレーション……………133
　第3節　年金改革と年金税制の連動 …………………141
　　(1) 税方式と社会保険料方式 ………………………141
　　(2) 年金税制の見直し ………………………………144

第8章　シミュレーションの手法　149

第1節　所得税負担の計算方法……………………………………149
(1)　所得税額の計算 …………………………………………………149
(2)　所得税の再分配効果の計測 ……………………………………153

第2節　間接税負担の計算方法……………………………………155
(1)　消費税以外の間接税負担の推計 ………………………………155
(2)　消費税の逆進性の推計 …………………………………………156

第3節　税収弾性値の推計…………………………………………158
(1)　税務統計を用いた税収弾性値の推計方法 ……………………159
(2)　所得税税収モデルを利用した税収弾性値の推計方法 ………161

第4節　コーホート・データの作成方法…………………………162

インターネットで把握できる税制資料 ………………………………165

索　　引 ………………………………………………………………167

第1章　今後の税制改革の あり方について

第1節　税制改革の課題と租税原則

　わが国における税制改革の課題は，長期的課題と短期的課題の2つの切り口から議論することができる。長期的な課題としては，高齢化社会へ対応した税制の構築が，短期的な課題としては，バブル崩壊以降の経済の低迷を打破するような税制の構築が挙げられる。ただし，経済を活性化するような税制改革は，高齢化社会における財源確保にも寄与するため短期的な課題と長期的な課題を，完全に切り離して議論すべきものではない。これらの長期的な課題と短期的な課題を克服するために，税制改革のあるべき姿とはどのようなものであろうか。「公平」「効率」「簡素」で集約される租税原則に則して，考えてみよう。

(1) 公平性

　「公平」な税制とは，水平的公平と垂直的公平を満たすものでなければならない。水平的公平とは，同じ経済状態にある人々に対して同じ税負担を要求するものである。仮に経済力の指標として所得が採用されるならば，同じ所得の個人間に同額の税負担を要求することになる。ところが，現実の税制は，必ずしもこの水平的公平を満たすものとはなっていない。

　わが国の所得税制については，以前からクロヨンという語呂合せで語られることが多い，業種間の所得捕捉率格差の存在が指摘されてきた。クロヨンの語源は，納税者の比率がサラリーマンについては約9割，自営業者については約6割，農業については約4割であるところからきている。ただし，納税者の比

率自体が問題なわけではない。自営業者や農業従事者の所得水準がサラリーマンに比べて本当に低いために,ほとんどの自営業者や農業従事者が税金を納めていないのであれば,納税者比率に格差があっても何ら公平性を損なうものではない。既存の実証研究では,この納税者比率の格差が所得捕捉率の格差に起因するものであることが明らかにされている。業種間の所得捕捉率に関するパイオニア的な研究には,石 (1979) によるマクロの国民所得ベースで行った推計がある。これによれば,給与所得の捕捉率が9割から10割,事業所得が6割から7割,農業所得が2割から3割という捕捉率になっている。業種間の所得捕捉率だけでなく,節税策の有無から生じる業種間の税負担格差の問題を指摘したのが本間・井堀・跡田・村山 (1984) である。彼らはミクロ的なアプローチにより,業種別の所得税負担の格差を推計し,やはり無視し得ない格差が存在することを明らかにした。さらに,両者の推計を補うものとして,ミクロデータの積み上げによりマクロデータを作成し,それを税務データと比較するというアプローチで各業種の所得捕捉率の推計を試みた分析として林 (1985) がある。その分析によると給与所得者,事業所得者,農業所得者の捕捉率はほぼ10：5：1になっており,石教授の推計結果と類似の結果が得られている。

　このように現実の所得税制が水平的公平を満たすことができないことから,所得税よりもむしろ消費税の方が公平な税制であるという見方もある。仮に,経済力の指標として消費を採用するならば,同額の消費をした個人間に同額の税負担を課すことになる消費税は,水平的公平を満たすものといえるからである。しかし,消費税はいま1つの公平性のとらえ方としての垂直的公平を満たすことができない。垂直的公平とは,異なる経済状態の個人間に異なる取り扱い方を要求するものであり,経済力が高いほどより多くの税負担をすべきだという考え方である。消費税には,税負担率の逆進性が存在する。一般に,所得が上昇するにつれて,所得に占める消費の割合が低下するために,消費に対しては比例的な税率で課税しているにもかかわらず,所得に対しては税負担の割合が低所得層ほど高くなってしまうのである。この逆進性を緩和するには,消費税を複数税率化し,食料品などの生活必需品に対して軽減税率を適用すると

いった手段もある。たとえば，イギリスでは食料品など生活必需品に対してはゼロ税率が採用されている。また，間接税として消費課税を行うのではなく，支出税と呼ばれる直接税タイプの消費課税であれば累進税率表を採用することも可能である。支出税は，カルドアによって発案され，ミード報告により一躍注目を浴びた税制改革の理論である[1]。その基本的な考え方は，経済力の指標としては所得よりむしろ消費の方が望ましく，1年間の消費を合計し，その消費額に応じて課税しようとするものである。この支出税の考え方に賛同する経済学者の数は非常に多いにもかかわらず，世界中のどの国においても支出税を現在実施している国はない。優れた税制改革の報告書として名高いアメリカの財務省報告でも，支出税を魅力的な選択肢の1つとしながら，税務行政上の理由などからその採用を断念している[2]。

一方，所得税は，累進課税の採用によって垂直的公平を満たすことができる。累進課税は，通常，複数の税率が存在し，所得が高くなるに従ってより高い税率が適用される超過累進税率表のもとで実施されている。たとえば，2000年現在のわが国の所得税（国税）の税率表は，10％，20％，30％，37％の4段階で構成されている。ただし，累進課税は必ずしも超過累進税率表を必要としない。累進性の定義としては，マスグレイブ＝シンの有名な4つの定義が存在する[3]。この4つの定義のうち一番わかりやすい定義が平均税率累進性である。累進性は，所得が上昇するにつれて税負担率が上昇する場合に満たされるとするものである。この平均税率累進性は，フラット（・レート）・タックスのもとでも満たされる。フラット・タックスとは，一般には，均一の限界税率と課税最低限を持つタイプの所得税制を指している。線形所得税と呼ばれることもある。たとえば，課税最低限を300万円とし，税率を10％に一本化したとしよう。年収500万円なら税額は，$(500-300) \times 0.1 = 20$万円で，負担率は4％となる。年収1,000万円なら税額は70万円で負担率は7％となる。つまり，所得が上昇するにつれて負担率が上昇するので，累進性を満たしている。

フラット・タックスを現実の税制改革に取り入れようとしたものには，アメリカのホール・ラブラシュカ提案，財務省報告が挙げられる[4]。このフラッ

ト・タックスへ近づけるために，所得税の累進税率表における税率区分を減らすことはフラット化と呼ばれている。世界の税制の潮流は，所得税制をフラット化する方向にある。

(2) 効　率　性

　最近になって所得税制のフラット化が実施されてきた背景には，1980年代になって効率性の重要性が認識されるようになったことが挙げられよう。1980年代になって，アメリカのレーガン政権，イギリスのサッチャー政権の誕生は，新保守主義の台頭を生み，税制改革にも多大な影響を与えた。レーガン大統領の経済政策の理論的バックボーンとなったのがサプライサイド経済学である。とりわけ図１－１のように，税率を上昇させるに従って税収は拡大するが，税収の増加は逓減し，あまりに税率が高くなると逆に税収は減少してしまうということを示したラッファー・カーブが，一躍脚光を浴びた[5]。この図の右側の領域は，税率を引き上げると逆に税収が減少してしまう禁止的な領域である。もし，税率があまりにも高く禁止的な領域にあるならば，減税をすれば税収が

図１－１　ラッファー・カーブ

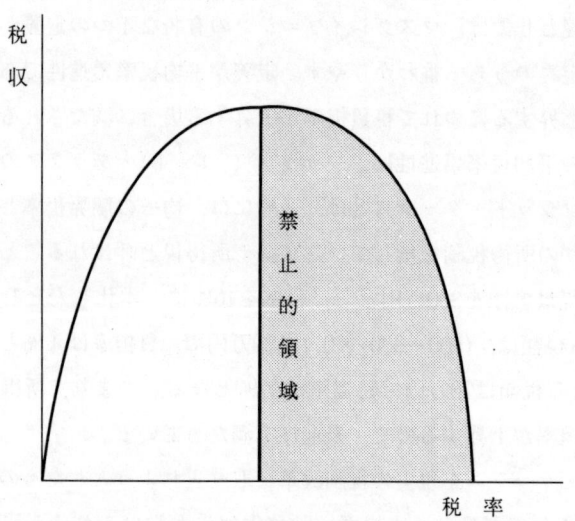

拡大することになる。減税という人気のある政策を行うことで、税収を拡大できる可能性を示したこのラッファー・カーブは、政治家にとって簡単かつとても魅力的なものであった。実は、ラッファー・カーブの存在は、最適課税論の議論において以前から知られてきたものであった。

最適課税論は、大別すると「最善（first best）」の意味での最適課税論と「次善（second best）」の意味での最適課税論に区分される。前者は政府の利用可能な税体系に何ら制約のおかれていない状況での最適な課税を探るものであり、後者は政府の利用可能な税体系が限定される状況での最適な課税を探るものである。現実的には、政府の利用可能な税体系は、所得税や消費税などの特定の税制に限定されるために、一般に最適課税論の議論は後者の意味での最適課税論を意味している。

「次善」の最適課税論は、Ramsey (1927) を出発点とするものである。Ramseyは、政府が個別消費税体系のもとで一定の税収をあげるとすれば、代表的家計の効用を最大化するためには、各消費財の税率をどのように設定すればよいのかを検討し、需要の価格弾力性の高い財（奢侈品）に軽課、需要の価格弾力性の低い財（必需品）に重課すれば、最適な課税が達成されるという「逆弾力性命題」を導出した。この命題は、価格弾力性の高い財に税金をかけた場合、資源配分上のロスである超過負担がほとんど生じないために、経済的にみると効率的だということを示している。

超過負担を課税の影響が他の市場に及ばない部分均衡を仮定したうえで、特定の消費財に個別消費税が課税されるケースについて説明したものが図1－2である。まず、供給曲線 S は、価格に関して完全に弾力的であるとし、水平な直線として描かれている。一方、この図の D は、補償された需要曲線であるとしよう。補償された需要曲線は、通常の需要曲線と異なり、価格と所得が変化しても同じ効用水準が得られるような所得補償を行った場合の需要曲線である。この補償された需要曲線 D は、価格に関して弾力的であり、右下がりの直線であるとしよう。課税前には、需要曲線 D と供給曲線 S の交点 e で、需給は均衡し、価格が p、需要量が q となる。ここで、個別消費税が課税されたとす

図1−2 超過負担の図解

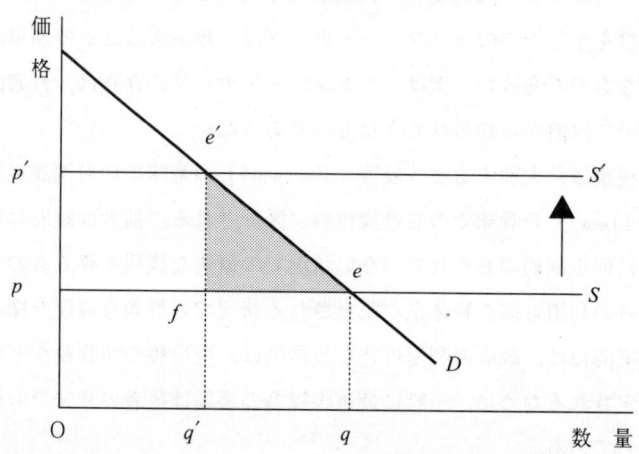

ると、供給曲線 S は、上方にシフトし、課税後の供給曲線は S' となる。その結果、均衡点は e から e' に移行し、消費者価格は p' に上昇し、需要量は q' まで減少する。この図の供給曲線 S と需要曲線 D に囲まれた部分は、消費者が支払ってもよいと考える貨幣額と実際に支払う貨幣額の差を示しており、消費者余剰と呼ばれている。税金が課されると、消費者余剰は需要曲線 D と供給曲線 S' に囲まれた部分まで減少し、$p'pfe'$ の部分は政府の税収となる。政府の税収は、いずれ納税者に還元されると考えれば、課税による消費者余剰の減少分のうち、政府の税収を差し引いた部分、$e'fe$ が資源配分上の損失となり、超過負担となる。

この超過負担は、需要曲線の傾きが急になるに従って小さくなる。仮に需要曲線が完全に垂直、すなわち非弾力的なものであれば、課税により供給曲線が上方にシフトした場合、超過負担はまったく生じないことになる。したがって、必需品のように課税により価格が上昇しても購入をやめるわけにはいかない財に課税した方が、税収確保の面から考えると効率的なわけである。この一見すると我々の常識に反するような命題は、Ramsey が代表的家計を仮定し、社会全体に単一の家計しか存在せず、所得分配の問題を無視し、効率性のみを考慮したために、導き出されたものである。

その後の最適課税論は、代表的な家計の仮定をはずして、社会には所得稼得能力の異なる複数の家計が存在する状況を想定する形で拡張が図られていった。さらに、政府が利用可能な税体系として間接税を想定するのではなく、所得税を想定する最適所得税論が1996年にノーベル経済学賞を受賞したMirrleesの研究を出発点として関心を集めるようになったのである[6]。Mirrleesは、所得税の税率表は、どのような形状をとるべきかという課題に取り組んだのである。実は、所得税の累進度はどの程度が望ましいかについては、犠牲説という枠組みのなかで古くから財政学者の関心を呼んできた課題でもある[7]。

課税の犠牲説は、税負担による犠牲を各個人の間で均等にすることが垂直的公平を達成することになるという考え方である。犠牲を個人間で均等にする方法としては、税負担による犠牲の絶対量を均等化する「均等絶対犠牲」、所得から得られる効用に占める税負担による犠牲の比率を均等化する「均等比例犠牲」、社会全体の総犠牲を最小化する「最小犠牲」の3つの考え方が主張された。これらの考え方のうち「最小犠牲」の考え方は、視点を変えれば、税収制約のもとで社会的厚生を最大化しようとするものであり、最適課税論における問題設定と同じであることに気づく。すなわち、目的関数を社会的厚生関数とし、制約条件を各自が負担すべき税負担とすると、2個人の場合、次のような制約条件つき最大化問題となる。

$$\text{Max} \quad W = U^1(C^1) + U^2(C^2)$$
$$\text{Sub. to.} \quad T = T^1 + T^2$$

ただし、Wは社会的厚生水準、U^iは第i個人の効用、T^iは第i個人の負担する税額、$C^i (= Y^i - T^i)$は第i個人の粗所得をY^iとしたときの可処分所得である。この問題の解は、2人の(可処分)所得の限界効用を均等化させるように課税することになる。したがって、各人の効用関数が同一ならば、各人の可処分所得が等しくなるような累進課税が要求されることになる。

この最小犠牲説への最大の疑問は、すべての可処分所得を均等化する場合、果たして各個人に労働あるいは貯蓄を供給する誘因が存在するのであろうかという点にあった。Mirrleesの論文は、この犠牲説の考え方を、課税の効率性を

も配慮する形でより精緻化したものと位置づけることができる。この Mirrlees にはじまる最適所得税論における理論的な結論としては、家計の所得を稼ぎ出す能力に上限が存在しないならば、所得の上昇につれて最高限界税率は、ほぼ100%になるというきわめて累進度の高い税率構造が望ましいとされる。ただし、能力に上限がないという仮定は、あまり現実的なものではないので、一般には能力に上限と下限が存在するという仮定のもとで、最適な税率構造は、最低所得者と最高所得者に対してともに、限界税率をゼロとする図1－3のようなS字型の税率表が望ましいとされる[8]。

Mirrlees の論文では、一般的な仮定のもとでは具体的な税率表の形状を提示できなかったために、家計の行動を規定する効用関数をコブ・ダグラス型に想定し、最適な税率構造を求めた結果として、最適な税率構造は均一税率（フラット・レート）と課税最低限（ないし人頭補助金）から構成される線型所得税となるという結論が導き出された。このフラット・レート・タックスが最適な税率構造であるという結論は、それまでの所得再分配のためには累進税率表が必要であるという常識を覆す斬新な結果であった。この Mirrlees の結論を踏まえた形でその後の最適所得税の議論は、Stern (1976) をはじめとして、所得税の税率構造については線型に限定したうえで、最適な限界税率と人頭補助金の組合せを探る研究に移っていった。ただし、その後 Mirrlees の効用関数の仮定

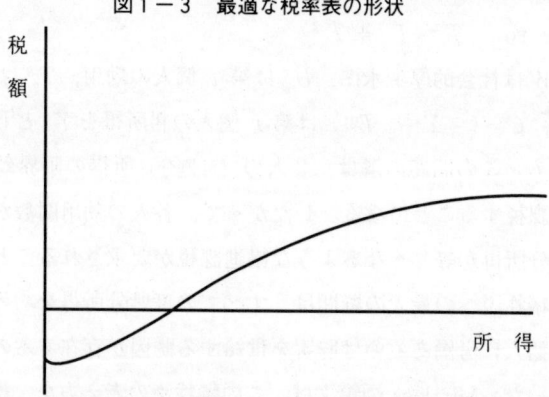

図1－3　最適な税率表の形状

を幾分ゆるめることで，最適な所得税の累進構造を計算した Tuomala (1984) は，能力に上限と下限が存在する場合の最適非線型所得税の理論分析におけるS字型の税率表の具体的な数字を計算することに成功した。このように最適所得税の理論分析，シミュレーション分析ともに，現在では所得税の最適な税率表は，必ずしもフラット・タックスとはならないのである。

それでは，わが国の所得税の税率表もS字型に移行すべきなのであろうか。この最適所得税論の立場からのS字型の税率表を現実の税制改革において採用するには，まだ埋めねばならない溝が存在する。というのは，最適所得税の議論においては，常に「白紙の上での税制改革」という批判がつきまとうからである。すなわち，現実の税制が，所得税だけでなく，消費税やその他の個別間接税やその他の税を含むさまざまな税で構成されているのに対して，最適所得税論は，すべての他の税を廃止し，所得税のみを実施する場合において有効な結論を得ているにすぎないのである。現実の政策の実行可能性を考慮すると，所得税のみで税体系を構築することはあまり考えられない。だが，複数の既存の税体系が存在するなかで，所得税の最適な税率表の形状自体を具体的に求めることは不可能に近い。したがって，最適所得税論における成果は，現実の税制改革において直接取り入れる段階に到達してはいない。とはいえ，最適所得税の議論は，世界各国の所得税制のフラット化に対する理論的なバックボーンとしての役割を果たしてきたことだけは確かである。

(3) 簡 素 化

簡素化は，公平性や効率性の議論に比べると，学術的な研究対象とされることは少ないながらも，現実の税制改革において占める重要度が非常に高い。たとえば，政府にとって利用可能な税体系が限定されていないならば，最も効率的かつ公平な課税は，個人間に経済状態に応じたランプサム・タックス（定額税，一括税）を課すことである。このことは，厚生経済学の第2基本定理としても知られた命題でもある。しかし，各個人に適切なランプサム・タックスを課税するためには，すべての個人の経済状態を完全に把握できる全知全能なる

政府を要求することになり，そのような課税を実施するには，膨大なる徴税コストおよび納税協力費用が必要となる。いかに，効率的かつ公平な課税方法であったとしても，徴税コストが税収を上回るような税体系が採用されることはあり得ないのである。徴税コストという点では，現在のわが国の税制は比較的低コストであるといえる。税収のほとんどを源泉徴収制度に依存しているためである。

その一方で，源泉徴収制度への過度な依存により，サラリーマンのほとんどは申告に携わることがなくなり，そのことが税金への無関心を招き，その結果として申告納税により税痛感を持つ自営業者との間の税制上の不公平な取扱いを生んだとの見方もできよう。近年における税制改革の流れは，所得，消費，資産の課税ベースのなかで，所得税に偏重していた比重を消費に移すものであった。しかし，資産に関する課税については，ほとんど手つかずの状態である。少子高齢化時代においては，資産課税の抜本的な見直しは避けて通れない課題の1つである。資産課税を適正に行うためには，納税者番号制度の導入を中心とした税務執行体制の整備が不可欠である。納税者番号制度の導入に向けての環境は，1997年から実施されている基礎年金番号や自治省（現総務省）で検討されている住民基本台帳番号制度などの活用を図ることで整備されつつある。

納税者番号制度導入に基づき，申告納税制度の比重を高めることは徴税コストのみを考えると明らかにマイナスである。しかし，住民基本台帳番号制度を利用した納税者番号制度の導入であれば，徴税面以外での行政コストの節約も期待できる。さらに，申告納税制度の本格的な電子化により，一層の徴税コスト削減も可能となろう。

現在，納税システムの近代化において最も進んでいるのがアメリカである。アメリカでは，すでに，個人所得税の申告，事業所得者の一定範囲の申告について電子申告が可能となっている[9]。この電子申告では，納税者が所得税の申告に必要な情報を電子申告業者に渡し，電子申告業者が内国歳入庁に電子情報を送信する形態をとっている。この電子申告は，近年のアメリカにおけるインターネットの普及によって利用者が増えつつある。その理由は，「従来は申告

第1章　今後の税制改革のあり方について

から還付まで通常6週間かかっていたところが，電子申告により3週間に期間が縮まり，直接振込によりさらに1週間，還付までの期間が短縮された」ところが大きいとされている[10]。アメリカの内国歳入庁のホームページからは，数多くの電子申告代行業者のホームページがリンクされている。アメリカでは，申告だけでなく納税についても，1999年から電子技術を用いた納税方式（ＥＦＴＰＳ；Electronic Federal Tax Payment System）も導入されている。

　さらに，電子申告制度以外にも先進的な申告方法が用意されている。それは，
① 　パソコン通信，インターネットのプロバイダ経由の電子申告
② 　telefile：プッシュホン回線を用いた電話による申告
である。前者は，市販の納税用パソコンソフトで作成した申告書のファイルをインターネット・プロバイダに送信し，インターネット・プロバイダが内国歳入庁の受入れ方式に変換したうえで送信するものであり，後者は飛行機の予約のようにプッシュホンの操作で電話による申告を可能にするものである。ただし，電話による申告は，扶養家族がおらず収入源が給与等に限定されるという単純なケースのみ利用可能であるとされている。

　このような，電子申告が普及すれば納税者番号制度のもとでも大幅な行政コストの節約につながることになる。しかし，通信料金の問題等からインターネットの普及が遅れているわが国では，全納税者に強制することは不可能である。仮に選択制を採用するとしても，納税者にとってメリットがなければ誰も選択しないであろう。アメリカでは，電子申告のメリットは税額還付の迅速化，簡便化にあるとされている。しかし，わが国では，すでに税額の還付は納税者が指定した銀行，郵便局に直接振り込まれることになっており，その還付時期が確定申告後それほど遅いわけでもない。大多数の納税者にとっては，窓口へ出向いたり，申告書を郵送する手間が省けるにすぎない。電子申告控除の新設も普及には必要であるという意見が出てくる可能性もあろう。しかし，一度導入した控除は既得権化するおそれが強い。青色申告の普及を理由に導入された青色申告控除がいまも存在することからも明らかであろう。したがって，当面はアメリカと同様に，電子申告の代行業者の登録制度を検討すべきであろう。

企業からの申告を代行業者が電子申告すれば、納税コストのかなりの節約が期待できる。企業の代行業者経由の電子申告が普及すれば、納税者番号制度との相乗効果により、効果的な脱税防止策にもなる。納税者番号制度を付与された源泉徴収票を名寄せすれば、個人納税者の申告内容を簡単にチェックできるからである。

第2節　税制改革の短期的課題

　以上のような租税原則に則して考えたとき、いまわが国の税制に求められている経済の活性化という短期的課題に対していかにして対応すべきなのであろうか。経済の活性化という観点からは、効率性を意識した税制改革が求められる。効率性は、単純に所得税を減税すれば確保されるというわけではない。しかしながら、バブル崩壊以降、税制には絶えず景気対策としての減税政策が要求されてきた。1999年度に実施された4兆円規模の所得税・住民税の減税と2兆円超の法人課税の減税は、記憶に新しいものである。しかし、経済の活性化につながるのは、減税規模の量的な水準ではなく、その中身である。1994年から1997年にかけて実施された村山税制改革を思い出してほしい。その特徴は、景気対策としての所得税・住民税の減税を先行させて、その財源を消費税率の3％から5％への引上げによってまかなおうとしたところにある。具体的なスケジュールは、表1－1のようなものであった。各年の減税規模は、1994年度には、所得税の特別減税として3.8兆円、1995年度には表1－2に示されているような税率表改正をともなう制度減税が2.4兆円、特別減税が1.4兆円、1996年度の特別減税が1.8兆円であった。

　村山税制改革前後の経済状況は、図1－4でみることができる。この図には対前年度比でみた実質民間最終消費支出と実質国内総支出の推移が描かれている。この図からは、1997年度における消費税率の5％への引上げにともない、消費支出が大きく落ち込んだこと、消費の落ち込みと同時に景気も悪化し、マイナス成長を記録したことが読みとれる。成長率は、消費が回復した1998年度

第1章　今後の税制改革のあり方について

表1－1　村山税制改革のスケジュール

```
1994年　特別減税
    所得税額の一律20％（200万円を限度）
    住民税額の一律20％（20万円を限度）
1995年　制度減税＋特別減税
    所得税額の一律15％（5万円を限度）
    住民税額の一律15％（2万円を限度）
1996年　制度減税＋特別減税
    所得税額の一律15％（5万円を限度）
    住民税額の一律15％（2万円を限度）
1997年　制度減税＋消費税税率引上げ
```

表1－2　村山税制改革における所得税・住民税改革の概要

	改革前		改革後	
給与所得控除	給与収入 165万円以下 330　〃 600　〃 1,000　〃 1,000万円超	控除率 40％ 30 20 10 5	給与収入 180万円以下 360　〃 660　〃 1,000　〃 1,000万円超	控除率 40％ 30 20 10 5
所得控除 （所得税）	人的控除　　各35万円		人的控除　　各38万円	
所得控除 （個人住民税）	人的控除　　各31万円		人的控除　　各33万円	
税率表 （所得税）	課税所得 300万円以下 600　〃 1,000　〃 2,000　〃 2,000万円超	限界税率 10％ 20 30 40 50	課税所得 330万円以下 900　〃 1,800　〃 3,000　〃 3,000万円超	限界税率 10％ 20 30 40 50
税率表 （個人住民税）	課税所得 160万円以下 550　〃 550万円超	限界税率 5％ 10 15	課税所得 200万円以下 700　〃 700万円超	限界税率 5％ 10 15

図1-4　家計最終消費支出と国内総支出の推移

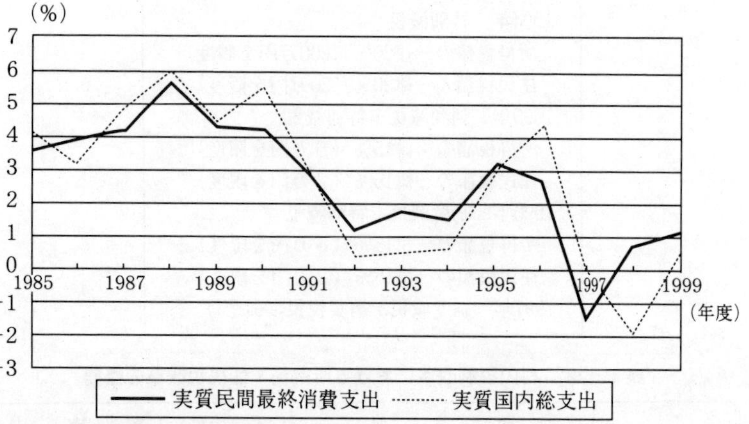

(%)

凡例：実質民間最終消費支出　実質国内総支出

出所：経済企画庁資料より作成。

においても，一層の低下が生じている。1999年以降は，消費，景気ともに回復基調が見られる。

　1994年から1996年にかけての減税先行により，経済成長率は幾分持ち直したが，それも1997年4月から実施された消費税の税率引上げにより完全に相殺されてしまったのである。この村山税制改革による短期的な景気刺激策には，2つの問題点があった。1つは，家計の消費は必ずしも短期的な可処分所得に依存しているのではなく，長期的な視野に基づいた可処分所得に依存して決まるという点を配慮しなかったこと，いま1つは，税率表のフラット化による労働意欲の促進が行われなかったことである。

(1) ライフサイクル消費の変化

　ライフサイクル仮説に基づけば，短期的な減税政策はまったく効果がないとされる。村山税制改革は，所得税・住民税の先行減税と消費税の税率引上げにより，長期的には増税型で行われた。そこで，村山税制改革前後の家計消費の推移をみることで，わが国においてライフサイクル仮説があてはまるかどうかを検証してみよう。

第1章　今後の税制改革のあり方について

　図1-5, 図1-7は，1963年から1999年までの『家計調査年報』の勤労者世帯の年齢階級別のデータを利用して，コーホート・データと呼ばれる世代別のデータに加工したものである。これらの図では，同じ年次でも世代によって年齢が異なっている。たとえば1999年時点のデータは，1940年生まれの世代に

図1-5　ライフサイクルの実質可処分所得と実質消費の推移（1940年生まれ）

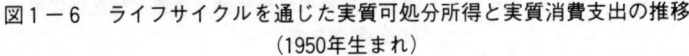

出所：総務庁統計局編『家計調査年報』各年版より作成。

図1-6　ライフサイクルを通じた実質可処分所得と実質消費支出の推移
（1950年生まれ）

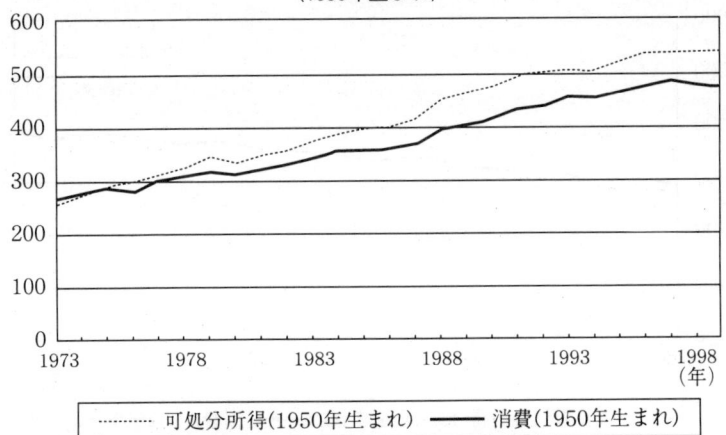

出所：総務庁統計局編『家計調査年報』各年版より作成。

ついては59歳を，1950年生まれの世代については49歳を，1960年生まれの世代については39歳を意味している。

1940年生まれの世代は，1992年をピークとして消費支出には明らかに低下傾向がみられる。これは，この世代が老年期にさしかかり，子供の独立といったライフステージにおける変化がもたらしたものと解釈できる。消費税の引上げが実施された1997年の消費の落ち込みは，このようなライフステージの変化のなかでは，それほど大きな減少とはいえない。

次に，図1－6において1950年生まれの世代の消費支出の動きをみると，1997年の消費税率引上げと社会保険料の引上げによって，1997年以降の実質可処分所得が横這いになっているにもかかわらず，1997年の実質消費は前年度よりも増大している。1998年以降は多少減少傾向がみられる。

最後に，図1－7において1960年生まれの世代の消費支出の推移をみると，やはり，1997年以降，可処分所得が伸び悩んでいるなかで，1997年の消費は増加し，その後は横這いとなっていることがわかる。

これらの世代別の家計消費の動きをみると，村山税制改革は家計の消費行動

図1－7　ライフサイクルを通じた実質可処分所得と実質消費支出の推移
（1960年生まれ）

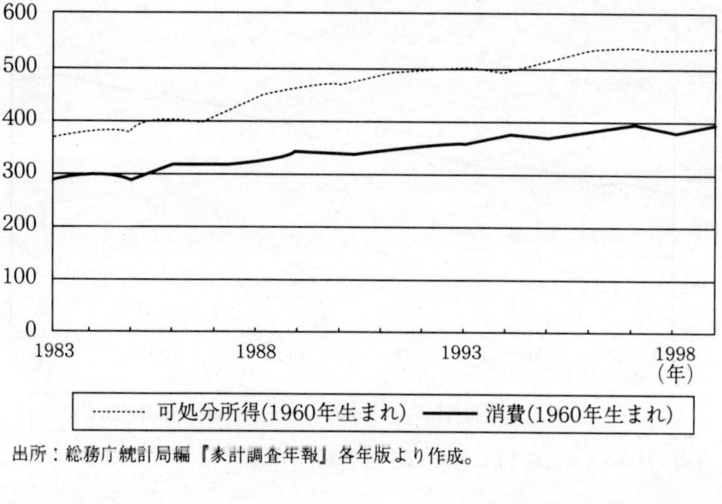

出所：総務庁統計局編『家計調査年報』各年版より作成。

にそれほど大きな影響を与えていないことがわかる。なお,村山税制改革は,所得税減税による消費増大効果がなかっただけでなく,消費税率の引上げによる消費の減少も家計レベルではほとんど生じていない。それでは図1－4にみられるマクロレベルでの消費支出の大幅な減少は,いかなる理由で生じたのであろうか。このような違いは,『家計調査』のデータと家計民間消費支出のデータの違いによるものと考えられる。『家計調査』では,独身世帯や農家世帯の消費支出が含まれていない,帰属家賃,海外での直接購入が含まれていないこと,一方,SNAの民間最終消費支出は産業連関表,工業統計表,商業統計,通関統計といった生産側の情報を利用していることなどが指摘できよう。とりわけ,1997年度については,海外での直接購入の落ち込みが対前年度比－14％とかなり激しいことが原因の1つとして考えられる。海外での直接購入は,国内の消費税率の引上げの影響は受けないことから,国内での家計の消費支出の減少はそれほど大きくなかったともいえよう。

(2) 実効限界税率の変化

以上のように村山税制改革は,長期的には増税型の税制改革を行ったために,消費の拡大という需要面の効果を発揮することができなかった。実は,所得税・住民税の減税には,いま1つの効果が期待されていた。それは減税による労働意欲の促進といった供給面へのプラスの効果である。

しかし,村山税制改革は,供給面での成果も得られなかった。その原因は,所得税のフラット化が実施されなかったことにある。村山税制改革による所得税・住民税の減税は,主として課税最低限の引上げによって行われたため,消費者の直面する限界税率はほとんど引き下げられていなかったのである。表1－3は,『家計調査年報』における所得十分位別の「実効限界税率」の変化を示したものである。所得分位とは,所得を低い方から均等の分布になるように並べ替えたものである。「実効限界税率」は,サラリーマンについては収入の上昇につれて経費率が下がっていくという給与所得控除の存在が実効的な税負担の増加につながることをも考慮して筆者が推計した概念である。一般になじ

表1−3 所得税・住民税における
実効限界税率の変化

所得分位	改革前	改革後
I	9.45%	9.45%
II	10.95	10.95
III	10.95	10.95
IV	10.95	10.95
V	15.61	11.71
VI	15.61	15.61
VII	17.61	15.61
VIII	17.61	17.61
IX	26.40	17.61
X	29.08	26.40

出所：橋本恭之（1998）『税制改革の応用一般均衡分析』関西大学出版部，87ページ引用。

みがある税負担率ではなく限界税率を用いるのは，人々が負担を実感するのが追加的な1万円収入の増加にともなう追加的な税負担増であるからである。表では第1から4分位までと第8分位は実効限界税率が改革前後で同一である。第9分位を除いて各所得分位の実効限界税率がほとんど変化していないのは，減税のほとんどが課税最低限の引上げによるものであり，10%から50%までの5段階の所得税の税率がそのまま据え置かれたためである。

　課税最低限の引上げにより減税が行われた理由は，消費税率の引上げによる低所得層の税負担増加を避けるためであった。この課税最低限の水準は，平成10年の特別減税後には491.7万円と決して低所得者とはいえないような水準まで引き上げられた。効率性の観点からは，課税最低限の引上げではなく，税率表のフラット化の方向での改革が望ましかったのである。

　したがって，いたずらに減税規模を拡大するバラマキ的な減税は，長期的にみた日本経済の活性化にはつながらない。近年実施されてきた特別減税が悪い見本である。1997年，1998年度に実施された2.8兆円の特別減税は，景気回復に寄与したとはとてもいえない。景気対策としての所得税の減税は，可処分所得を増加することで消費拡大に役立つ。しかし，その減税の一部が貯蓄に回る

ことで，その効果は公共投資に比べて小さくなることはマクロ経済学の常識である。従来型の公共投資に無駄が多いという理屈も理解できるが，純粋に景気対策として考えれば，情報化などへの重点的な公共投資といった選択もあったはずである。また，減税による多少の消費拡大効果が認められるとしても，それはカンフル剤としての役割であり，経済構造の革新にはつながらない。相次ぐ減税により，所得税の税収はすでにほぼ10年前の水準まで落ち込んでいる。所得税税収がゼロになるまでカンフル剤を打ち続けるのだろうか。特別減税が定率減税や定額減税の形で行われたことで，所得税制は複雑化するとともに，年収500万円程度の中堅所得層まで非課税世帯となり，減税のバラマキの恩恵を受けない人には「商品券」を配ろうという発想まで生むことになったのである。

第3節　税制改革の長期的課題

　いま，税制改革に必要とされるのは，短期的な視野にとらわれたバラマキ的な減税政策でなく，「公平」「効率」「簡素」の基本的な原則に則した税収中立型の税制改革である。この税制改革においては，高齢化，地方分権の促進という長期的な課題にも答えていく必要がある。詳しくは，次章以降でふれるとして，以下では税制改革の課題にどのように対応していくべきかを概観しておこう。

(1)　所得税のフラット化

　「効率性」を確保し，経済の活性化を図るためには，所得税のフラット化を実現する必要がある。経済の活性化は，高齢化社会の財政負担を軽減するためにも欠かせない。仮に，フラット化を進めて，税率を一本化する場合，その税率と課税最低限はいかなる水準に設定すべきか。その問題に答えようとするのが最適課税論である。最適課税論の考え方は，税制を設計するとき各消費者の効用（満足度）に依存する社会的厚生を最大化しようというものである。その場合の税体系は，所得税のみ，あるいは消費税のみが利用可能であるという制

約がおかれることが多い。しかし，現実にはさまざまな税が存在している。以下では，個別間接税，消費税，所得税の存在を前提とした場合，所得税の課税最低限と税率をいかなる水準に設定すべきなのかを考えよう。

図1－8には，改革前の基準時点と同一の税収を達成するような税率と課税最低限の組合せを示す等税収曲線が描かれている。税収確保の観点からは，この曲線上であれば同じ税収が獲得できるのでどの組合せを選択してもよい。この組合せのなかでどれを選ぶのかは，社会的な価値判断に依存する。そこで，社会的価値判断として最大多数の最大幸福を唱える功利主義的な基準を採用すると，最適な限界税率は16％，課税最低限は362.533万円となった[11]。価値判断としてより平等性を重視する場合には，等税収曲線上のもっと右側の領域で税率と課税最低限が選択される。この課税最低限の水準は，特別減税を含まない場合の夫婦子供2人世帯の課税最低限361.6万円とほぼ一致する。特別減税後の課税最低限491.7万円は高すぎるのである。

このような改革が実施された場合，低所得層と高所得層の税負担が軽減され，中間所得層の税負担が増大する。すなわち，低所得層と高所得層の負担軽減の方が，中間所得層の負担増大よりも好ましいと評価することになる。この結果

図1－8　等税収曲線と最適税制

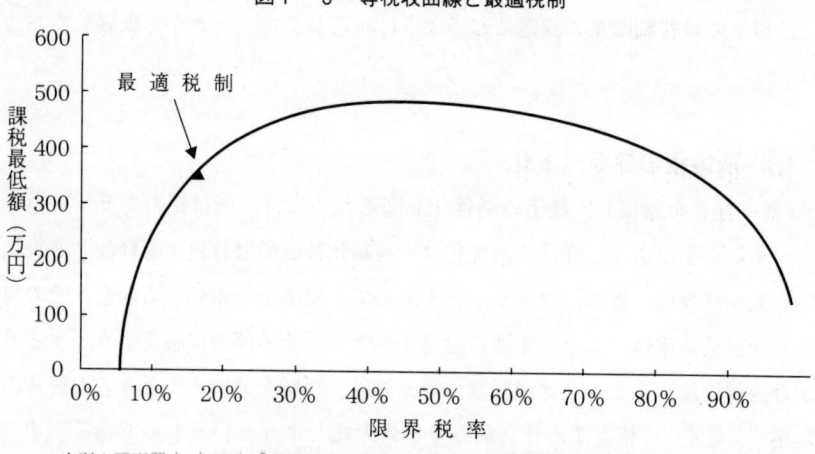

出所：橋本恭之（1998）『税制改革の応用一般均衡分析』関西大学出版部，102ページ引用。

は，中間所得層の減税はすでに十分行われてきたのに対して，高所得層の限界税率の引下げが不十分であることを示唆するものといえる。

(2) 法人税改革の課題

これまで，わが国は諸外国に比べて法人税への依存度が高すぎた。納税者としての自覚が希薄なわが国では，誰が負担しているのかあいまいな税であることが法人税への安易な依存を生じてきたともいえる。企業活動を抑制する法人税は，経済活性化のためにできるだけ減税すべきである。企業活動促進の結果生じた利益に対しては，企業を構成する株主，役員，従業員へその利益が配分された段階で課税した方が結果的には税収拡大につながる。このような考え方は，企業を個人株主の集合体としてとらえる「法人擬制説」的な解釈に基づくものであり，法人税を個人所得税の前払いとしてとらえようとするものである。

所得税の前払いとして法人税をとらえるならば，フリンジ・ベネフィット（現物給付）への課税問題に注目すべきである。わが国の多くの企業は，本来ならば従業員が個人的に支出しなければならない費用を福利厚生費として支出してきた。リゾート地における会社の別荘や豪勢な社用グランドなどである。最近では，家電メーカーのボーナスがパソコンなどの現物で支給された例もある。これらの現物給付は，現行税法のもとでほとんど課税されていない。現物給付への課税を個人段階でとらえることは難しいことから，法人段階で個人所得課税の前払いとして課税する方が徴税コストの面でも有利であろう。また，日本企業の高コスト体質がこれらの福利厚生費用の高さにも起因することから，課税強化は経済活性化にもつながる。

また，現在中小企業にのみ認められている交際費の損金算入についても廃止・縮小を検討すべきである。交際費のなかには，接待と称した個人的な飲み食いのつけも含まれていると考えられるからである。主要国の交際費の税務上の取扱いをみても，交際費の損金算入は制限されている。製品の中身よりも接待で勝負しているようでは，競争力のある企業は育たない。

課税ベース拡大とともに法人税の基本税率はできるだけ引き下げるべきであ

る。所得税の税率は5段階であるが、ほとんどの納税者は生涯を通じて10%ないし20%の限界税率で課税される。1997年度から法人税の基本税率が30%まで引き下げられたことは、所得税とのバランスから、ある程度評価できる。ただし、所得税の税率のフラット化を図るならば、法人税率のさらなる引下げが必要となる。この減税財源を法人部門内で調達することは難しく、法人税以外の増税で調達すべきである。

(3) 資産課税の改革

不況対策としてのこれ以上のバラマキ的減税をやめたとしても、すでに実施されてきた減税によって、一般会計税収はほぼ1987年の水準まで落ち込んでいる。この間発行してきた国債の償還、利払いに加えて、高齢化による財政負担の増大が予想される。このような財政需要の増大に、どのように対処すればよいのだろうか。消費税率の引上げも選択肢の1つであるが、所得、消費、資産の課税バランスから考えると資産課税の強化も有力な候補である。現行税制のもとでは、資産性の所得についてはきわめて不明確な形で課税されている。株式の譲渡所得へのみなし課税は、その典型である。みなし課税とは、株式の売却額の5%が利益であるとみなして、その利益に20%の税率で課税するものである。納税者番号制度を導入して、株式の譲渡所得を捕捉し、給与所得などと合算した総合課税化が望ましい。総合課税されるとしても、所得税をフラット化しておけば、株式投資への悪影響も少なくなる。むしろ、現在のようなキャピタル・ロスの発生している状況では、ロスを給与所得から相殺することが可能となり、株式投資促進にもつながる。

また、資産課税としては、相続・贈与税の改正も視野に入れるべきである。近年行われてきた相続税の改正で基礎控除が引き上げられたことにより、相続税の納税者比率は1996年時点で5.4%まで落ち込んでいる。1998年度当初予算において相続税が国税収入に占める比率も3.9%にすぎない。その一方で、わが国の金融資産は、1,400兆円ともいわれている。現在進行しつつある少子化と高齢化は、経済のストック化を促進する。少子化社会では、子供たちは双方の

両親からの遺産相続をこれまで以上に期待できることになる。相続財産は，納税者が自らの努力で勝ち取ったものではないために，課税による勤労意欲の低下などの効率性の阻害などの悪影響も少ない。相続税の基礎控除の引下げとともに累進税率表をある程度緩和し，広く薄い課税を検討すべきである。

(4) 地方税改革

　現在の不況は，地方の方が深刻だといわれている。バブル期に行われた過剰なリゾート開発などのしわ寄せも発生している。民間だけでなく，地方自治体自身も乗り出していたリゾート開発を可能にしていたのは，各種の国庫支出金（いわゆる補助金）と地方交付税という国から地方の財源移転システムである。地方自治体にヒアリングにいくと，村ご自慢の温泉付き宿泊施設などを建設するためにいかにして各省庁からの補助金を獲得したのかという苦労話が必ず出てくる。このような施設の建設は，短期的には地元の建設業者を潤し，雇用を促進するという点で景気対策にもつながる。しかし，長期的には赤字を垂れ流し，地方財政を悪化させる要因の1つになる可能性が高い。また，都市生活者には，自分たちの支払った税金の多くが自分たちのために使用されるのでなく，地方へのバラマキ的な補助金として使われているのではないかという不満も生じている。

　このような問題点は，国と地方の財源配分を見直し，地方の自主財源を強化することで解消される。自主財源を強化することは，住民にコスト意識をもたせることによって，地方歳出の効率化につながる。

　自主財源強化という意味では，東京都の石原知事による銀行への外形標準課税導入以来，事業税の外形標準化への機運が高まっている。しかし，事業税の外形標準化は，アカウンタビリティ（財政責任）の観点からの問題点を含んでいることを忘れてはならない。なぜならば，投票権をもたない企業への課税は，地域住民のコスト意識を低め，地方団体の歳出拡大の潜在的要因となるからである。今後のわが国の地方税改革は，住民へコスト意識を持たせるという意味で個人課税を中心に据えたものとすべきであろう。

[参考文献]

石弘光（1979）『租税政策の効果－数量分析』東洋経済新報社.
佐藤英明（1999）「納税者番号制度導入の可否－論点の整理」『税研』Vol.14, No.83.
佐藤英明（1998）「アメリカ連邦税における電子申告制度の展開とわが国への示唆－申告形態の多様化の可能性」『税研』Vol.13, No.77.
橋本恭之（1997）「累進課税とフラット・タックス」『税研』Vol.12, No.71.
橋本恭之（1998）『税制改革の応用一般均衡分析』関西大学出版部.
橋本恭之・上村敏之（1997）「村山税制改革と消費税複数税率化の評価－一般均衡モデルによるシミュレーション分析－」『日本経済研究』, No.34, 35－60.
林宏昭（1985）「所得税－勤労所得と資産所得」橋本・山本編『日本型税制改革』有斐閣.
本間正明・井堀利宏・跡田直澄・村山淳喜（1984）「所得税負担の業種間格差の実態－ミクロ的アプローチ」『季刊現代財政』第59号.
本間正明・橋本恭之（1985）「最適課税論」大阪大学財政研究会編『現代財政』創文社
本間正明・橋本恭之・前川聡子（2000）「消費税と消費行動」『税研』Vol.16, No.2.
本間正明・大田弘子編（1998）『民から改革』清文社.
Canto, V.A., D.H. Jones and A.B. Laffer (1983), *Foundation of Supply-Side Economics Theory and Evidence,* Academic Press.
Hall, R.E. and A. Rabushka (1985), *The Flat Tax,* Hoover Press.
Hall, R.E., A. Rabushka, D. Armey, R. Eiser, and H. Stein (1996), *Fairness & Efficiency in the Flat Tax,* The AEI Press.
Kaneko, M. (1982), "The Optimal Progressive Income Tax: The Existence and the Limit Tax Rates", *Mathematical Social Science,* 3, 193－222.
Kaldor, N. (1955) *An Expenditure Tax,* Allen & Unwin.（時子山常三郎訳（1963年）『総合消費税』東洋経済新報社）
Meade Committee (1978) *The Structure and Reform of Direct Taxation.*
Mirrlees, J.A. (1971), "An Exploration in the Theory of Optimal Income Taxation", *Review of Economic Studies,* 31, 175－208.
Musgrave, R.A. (1959), *The Theory of Public Finance: A Study in Public Economy,* New York: McGraw－Hill.
Musgrave R.A. and T. Thin (1948), "Income Tax Progression", *Journal of Political Economy,* December, 1928－48.
Office of the Securetary (1984).
Ramsey, F.P. (1927), "A Contribution to the Theory of Taxation", *Economic Journal,* Vol. 37, 47－61.
Stern, N.H. (1976), "On the Specification of Models of Optimum Income Taxation", *Journal of Public Economics,* 6, 123－162.
Tuomala, M. (1984), "On the Optimal Income Taxation: Some further numerical re-

sults", *Journal of Public Economics*, 23, 351-366.

〔注〕
1） カルドアの支出税については，N. Kaldor（1955）を参照のこと。なお，「An Expenditure Tax」の日本語訳としては，総合消費税のほうが適訳であるが，定着しなかったため本書でも支出税という訳語を使用している。ミード・レポートは Meade Committee（1978）を参照されたい。
2） 詳しくは，Office of the Securetary（1984）を参照されたい。
3） 具体的には，平均税率累進性，税負担累進性，残余所得累進性，限界税率累進性の4つである。詳しくは，Musgrave and Thin（1948）を参照されたい。
4） フラット・タックスの詳細は，Hall and Rabushka（1985）を参照されたい。
5） 詳しくは Canto, Jones and Laffer（1983）を参照されたい。
6） マーリースのノーベル経済学賞（1996）の受賞理由の1つは，Mirrlees（1971）における独創的な研究に対する高い評価が挙げられる。
7） 犠牲説の解説については，Musgrave（1959）がわかりやすい。
8） 最適所得税の理論分析において，能力に上限と下限が存在する場合について最適な税率表がS字型になる説明については本間正明・橋本恭之（1985）を参照されたい。
9） アメリカの電子申告制度については，佐藤（1998）が詳しい。
10） 佐藤（1998）54ページ引用。
11） なお，ここでは功利主義的な価値判断を採用したが，より公平性への指向が高い価値判断を採用した場合には，等税収曲線上のより右側の組合せが最適税制となる。

第2章　個人所得税の改革

第1節　村山税制改革による個人所得税・住民税の負担構造の変化

　第1章で述べたように村山税制改革の特徴は，減税財源としての消費税率の引上げ幅を5％に抑制するために，「2階建て方式」による所得税・住民税減税の圧縮を図ったところにある。すなわち，平成不況脱出のための減税先行期間においては，所得税・住民税の減税として一時的な定率減税と税率表改正による恒久的な減税を行い，景気回復後には定率減税をとりやめるというものである。このきわめて複雑な減税方式は，消費税の税率引上げを抑制したい社会党と，減税財源の確保と将来の安定的な税収の確保を最優先する大蔵省（現財務省）との間の政治的な妥協の産物であった。このように税率表改正による恒久減税部分が圧縮されたために，所得税・住民税の税率表の改正は，当初想定されていたものよりかなり小規模なものとなった。税制改革大綱によると，村山税制改革における所得税・住民税の税率表の改正の目的は「活力ある福祉社会の実現を目指す視点に立ち，中堅所得層を中心とした税負担の累増感を緩和するため，所得税の税率構造の累進緩和等による負担軽減を行う」こととされていた。そこで，この節では所得税・住民税の負担構造の変化についての具体的なシミュレーションを試みることによって，村山税制改革における所得税・住民税の改革が果たして当初の目的を果たしたかどうかを検証してみよう。

(1) 所得階層別の影響

まず、村山税制改革が所得階層別にどのような影響を及ぼしたのかを明らかにしよう。所得税・住民税の改正の具体的な内容は、第1章の表1-1ですでに示した通りである。

給与所得控除については、その改正が部分的なものであったことがわかる。給与収入に対する控除率については据え置き、控除率40％が適用される給与収入がこれまで165万円以下の部分であったのが180万円に、控除率30％が適用される給与収入が165万円超330万円以下の部分であったのが180万円超360万円に、控除率20％が適用される給与収入が330万円超600万円以下の部分であったのが360万円超660万円超になったのにすぎない。

人的控除については、基礎・配偶者・配偶者特別・扶養控除はそれぞれ、所得税（国税）が35万円から38万円へ個人住民税（地方税）が31万円から33万円へ引き上げられた。なお、老人控除対象配偶者に係わる配偶者控除については所得税が45万円から48万円に、個人住民税が36万円から38万円に、老人扶養親族に係わる扶養控除については所得税が45万円から48万円に、個人住民税が36万円から38万円に、特定扶養親族に係わる扶養控除については所得税が50万円から53万円に、個人住民税が39万円から41万円に引き上げられた。

税率表については、所得税、個人住民税ともに限界税率と税率の数については、改革前と同じであり、限界税率の適用される課税所得の区分が多少引き上げられた。所得税については、限界税率10％が適用される課税所得区分が300万円から330万円へ、限界税率20％が適用される課税所得区分が600万円から900万円へ、限界税率30％が適用される課税所得区分が1,000万円から1,800万円へ、限界税率40％が適用される課税所得区分が2,000万円から3,000万円へ、限界税率50％が適用されるのが課税所得2,000万円超から3,000万円超の部分へ引き上げられた。個人住民税については限界税率5％が適用される課税所得区分が160万円から200万円へ、限界税率10％が適用される課税所得区分が550万円から700万円へ、限界税率15％が適用されるのが課税所得550万円超から700万円超の部分へ引き上げられた。

第2章　個人所得税の改革

　以上のような所得税・住民税の改革が所得階層別の税負担にどのような影響を与えたかを図示したものが図2-1である。図2-1では，夫婦と子供2人の4人家族の標準世帯の所得税・住民税の負担額が示されている。所得税・住民税の負担額は，給与収入から給与所得控除を差し引いて，給与所得金額を算出し，基礎控除，配偶者控除，配偶者特別控除，扶養控除の人的控除と社会保険料控除の合計額の所得控除を差し引いて，課税所得を求め，税率表を適用することで求めた[1]。なお，扶養割増控除は考慮していない。

　図2-1によると，改革前の所得税，住民税の税率構造としては，給与収入700万円の付近で税負担額の上昇のカーブがきつくなり，さらに給与収入1,000万円を超えたあたりでさらに傾きがきつくなっている。このような傾向は，課税所得の上昇につれて限界税率が上昇するという累進税率表の効果と，給与収入の上昇につれて段階的に控除率が引き下げられることになっている給与所得控除の「陰の税率表」としての効果の双方によるものである。改革前の税負担額は，さらに給与収入が約1,200万円のところでジャンプすることになる。これは，配偶者特別控除が合計所得金額1,000万円（給与収入だと約1,200万円）以下の納税者にしか認められていないために，所得金額が1,000万円を超えると，

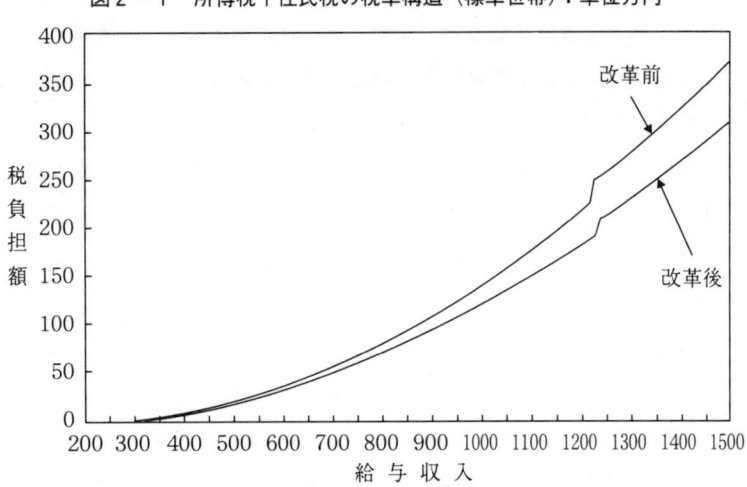

図2-1　所得税＋住民税の税率構造（標準世帯）：単位万円

所得税の配偶者特別控除35万円と個人住民税の配偶者特別控除31万円がいきなり打ち切られるためである。

図2-1には，村山税制改革後の給与収入階級別の所得税，住民税の負担額も描かれている。税制改正の効果としては，まず課税最低限の引上げを反映して，グラフが全体に右方向にシフトすることがわかる。さらに現行の税率表にみられた給与収入700万円付近と給与収入1,000万円付近の税負担の上昇がなめらかになっていることがわかる。これが，税制改革大綱にいうところの「中堅所得層を中心とした税負担の累増感を緩和」の成果といえよう。しかし，改正後のグラフにおいても依然として，年収1,200万円程度のところで税負担のジャンプが発生している。これはやはり，配偶者特別控除がいきなり打ち切られることによるものである。合計所得金額が1,000万円以下の納税者にしか認められていないということは，一般の納税者が意識することがないために，これまでほとんど問題にされることはなかった。しかし，中堅所得層の税負担感の累増を問題にするならば，このような税負担のジャンプは許されないはずである。実は，配偶者特別控除には，妻の収入が増加した場合には，段階的に夫に認められる控除額が削減されるという消失控除制度が適用されることになっている。高額所得者への配偶者特別控除を否認するならば，合計所得金額が1,000万円を超えたところで全額打ち切るのでなく，妻の収入増加のケースと同様に，段階的に控除を削減する消失控除制度を適用すべきである。

次にこのような所得税・住民税の税率構造を規定する要因の1つとしての給与所得控除について検討しよう。図2-2は，給与収入階級別に村山税制改正前後の給与所得控除の金額を描いたものである。この図によると現行の給与所得控除の金額は，給与収入が160万円程度までは定額でその後急速に増加し，その増加割合が給与収入の上昇に対して頭打ちとなっていくことがわかる。このことが，「陰の税率表」として給与収入の上昇に対して一層重い税負担を課すことにつながるのである。一方，村山税制改革における給与所得控除の改正は，特に給与収入600万円を超えるサラリーマンの給与所得控除の金額を引き上げたことがわかる。ただし，各給与収入に適用される控除率は同じであるた

第2章 個人所得税の改革

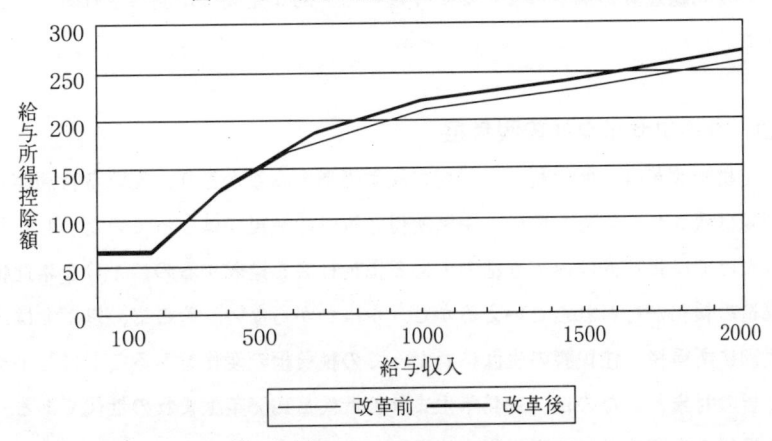

図2−2 給与所得控除の改正：単位万円

め，給与収入の上昇につれて給与所得控除の増加割合が頭打ちになる傾向は依然として継続したのである。

このような給与所得控除の構造については，以前から問題とされてきた。給与所得控除の性格については，かつては，給与所得に対する概算経費，他の所得と比較したときの担税力の弱さの調整，所得の捕捉率格差の調整，源泉徴収による早期納税に関する金利調整の側面があると議論されてきた[2]。しかし，抜本的税制改革（1986）において，サラリーマンは給与所得控除の代わりに，領収書による実額経費の控除を選択することが認められたことによって，その性格は給与所得に対する概算経費として解釈すべきことになった。給与所得控除をサラリーマンの概算必要経費とした場合の問題点は，その水準が高すぎることにある。必要経費として考えるならば，給与収入にかかわらず定額の控除を固定費としての経費部分として認め，それに収入の増加に対して比例的に増加する経費の部分を加えたものとすべきではないか。このような給与所得控除の見直しが行われたとしても，現行制度のもとでは実額控除が選択できるので，給与所得控除の金額を実際の必要経費が上回ったときには申告を行えばよい。また，給与所得控除には，青色申告の専従者給与に対しても適用されるために，実額経費を認められている事業所得者に対しては2重に経費を認めることにな

るという問題点も指摘されている。今後の抜本的な見直しが期待されるところである。

(2) ライフサイクルの税負担

　村山税制改革は、所得税・住民税の税率構造をみるかぎり、配偶者特別控除の問題は残されているものの、中堅所得者層への減税にはなっていた。しかし、それだけでは長期的にみても活力のある福祉社会を達成するのに十分な累進税率構造の緩和が行われたといえるかどうかはわからない。そこで、以下では、世代別に所得税・住民税の生涯にわたっての税負担の変化をみることにしよう。

　分析の対象としたのは、1945年生まれの世代と1965年生まれの世代である。ある世代の生涯を通じた所得税・住民税の負担額を計算するためには、当該世代の過去と将来の給与収入のデータが必要とされる。過去の給与収入については過去数10年間にわたる『家計調査年報』の年齢階級別のデータをつなぎ合わせることで作成した。将来の給与収入については、1991年の『家計調査年報』の年齢階級別の「世帯主勤め先収入」のデータを利用した[3]。各世代は、60歳を定年とし、退職後は公的年金を受給することになる[4]。公的年金に対しては、公的年金控除後の所得に課税されるものとした。給与収入が与えられたならば、前述したのと同様の手続きで所得税・住民税の負担額を計算することができる。ただし、各世代の生涯の税負担をとらえるために、夫婦子供2人の標準世帯という想定でなく、『家計調査年報』に記載されている世帯人員のデータを利用して、各世代の各年齢時での世帯人員の変化を考慮に入れている[5]。また、各世代とも妻は専業主婦であるとした。なお、年齢16歳から23歳未満の特定扶養親族の割増控除は、考慮していない。

　図2－3と図2－4は、各世代の所得税・住民税の負担率が村山税制改革前後でどのように変化したかを描いたものである。この図の縦軸には負担率が、横軸には年齢がとられている。各図においては、生まれた年が異なるために、同じ年齢であっても、異なる年を意味していることに注意してほしい。税負担率の分母は給与収入、年金収入であり、分子は給与所得税と個人住民税を加え

第2章 個人所得税の改革

図2-3 村山税制改革によるライフサイクルの所得税・住民税負担率の変化：1945年生まれ

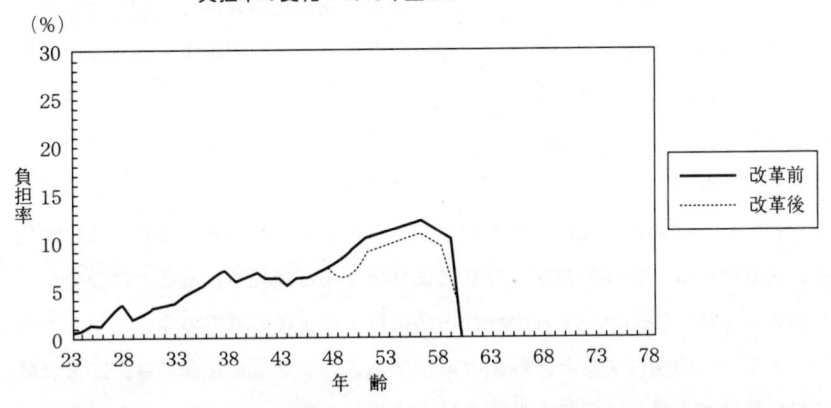

図2-4 村山税制改革によるライフサイクルの所得税・住民税負担率の変化：1965年生まれ

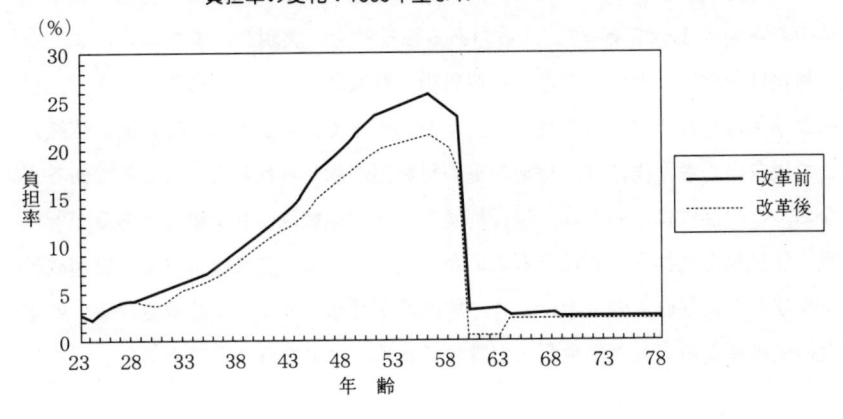

たものである。これらの図において実線で示されている負担率が現行の制度に基づく過去と将来の税負担を，点線が改正後に予想される将来の税負担を示している。これらの税制改革後の税負担の試算に際しては，1994年度については，定率20％の減税（所得税については限度額200万円，住民税については限度額20万円）が実施され，1995，96年度については定率15％の減税（所得税については限度額5万円，住民税については限度額2万円）と税率表の改正による制度減税が実施され，1997年度以降については，税率表改正による制度減税部分のみが継続する

ものとした。

　図2-3は，1945年生まれの世代の所得税・住民税の負担の変化を示している。この世代の48歳までのグラフは過去に支払ってきた所得税・住民税の負担を示し，49歳以降のグラフが改革による効果を示している。この世代が過去に支払ってきた所得税・住民税は，7％にも満たないような負担率の水準を示しており，それほど高くないことがわかる。税制改革の効果としては，改革により，わずかとはいえ，税負担率の低下がみられることになる。なお，この世代は，退職後には公的年金控除の存在によりほとんど課税されることはない。

　図2-4は，1965年生まれの世代の所得税・住民税の負担の変化を示したものである。この図によると，税制改革が実施されなかった場合には，29歳以降に税負担率が上昇し，その上昇割合は40歳代になるとさらに急になることがわかる。税負担率は，ピーク時には，30％にも達することになる。今回の税制改革のねらいの1つであった，「活力ある福祉社会の実現」はまさにこのような高齢化社会を担う世代への過重な税負担を軽減するところにある。しかし，税制改革後に税負担のピーク時の負担率が25％まで抑制されるとはいえ，依然として現在の若者世代には，将来の重い税負担が課せられることになるであろう。なお，この世代については，現行制度のもとで退職後にも少額ではあるが所得税・住民税を支払うことになることが示されている。これは，将来の経済成長を反映した給与収入の増大により，標準報酬月額に基づいて計算される公的年金の受給額が増大し，年金収入が課税されることになるからである[6]。

(3) 所得税・住民税改革の問題点

　以上のような税負担の変化のシミュレーションからは，村山税制改革における個人所得課税の改革に関しては，次のような問題点が指摘できる。

　まず，村山税制改革による所得税・住民税の改革は，短期的には中堅所得層の所得税・住民税の税負担を軽減したものの，活力ある福祉社会に備えたものとしては不十分なものであった。これは，消費税率の引上げ幅を抑制するために，今回の所得税・住民税の減税規模が当初考えられていたものよりもかなり

第2章　個人所得税の改革

圧縮されたためである。消費税の税率引上げは，5％に抑えられたものの，所得税の恒久減税部分も削減されたために，1997年度以降には実質増税型となった。村山税制改革は，その出発点において平成不況脱出を目的としていたが，国民の関心が景気回復のための所得税減税に寄せられている一方で，将来の高齢化社会に備えた増税が組み込まれていた。高齢化社会における負担と給付のあり方についての十分な議論がないままに，増税型の税制改革が行われたのである。景気回復のための税制改革と高齢化社会を見据えた税制改革は，両立が難しいものであり，景気対策としての税制改革と高齢化社会を見据えた税制改革は，切り離して考えるべきであった。

　次に，問題とされるのは，村山税制改革において給与所得控除の引上げと人的控除の引上げが行われたことである。前述したように改革前でさえ給与所得控除の水準は高すぎた。現行制度のもとでは，実額控除の選択が可能であるので，給与所得控除を定額部分と収入の増加に対して一定割合の経費を認めるような形の概算経費に簡素化し，その水準は現行のものよりも引き下げるべきである。また，人的控除の引上げについても，すでに世界的にみてもわが国の課税最低限は高すぎるとされており，村山税制改革においては人的控除を据え置くべきであった。課税最低限を据え置けば，税率区分の見直しにおいては，最高税率の引下げなど思い切った税率構造のフラット化ができたであろう。税率構造のフラット化に対しては，金持ち優遇の税制改革であるという批判もある。しかし，『平成4年分税務統計から見た申告所得税の実態』によると申告所得者に占める合計所得5,000万円超の納税者の割合は，0.59％にすぎない。ほんのひとにぎりの納税者に対してのみ禁止的な税率で課税することが果たして公平な課税といえるのであろうか。よく最高税率を引き下げた場合に，現実に存在するかどうかもわからないほどの高額所得者の減税額が大きくなるであろうことを批判する論調がみられるが，減税されてもなお数千万円の高額納税者であることを忘れてはならない。また，真の高額所得者は，累進税率表の課せられる給与所得，事業所得ではなく，莫大な金融資産や実物資産から生じる利子，配当所得，譲渡所得によって稼いでいることが多い。これらの資産から生じる

所得に対しては，総合課税ではなく，分離課税で課税されることになる。したがって，所得税の税率表については，大胆なフラット化を行い，納税者番号制度を導入したうえで，資産から生じる所得の総合課税化を図ったほうが，垂直的公平にかなう税制改革となるであろう。

第2節　経済のグローバル化と所得税

　所得税をフラット化する場合，具体的な姿はどのようなものにすべきなのであろうか。その疑問に答える1つの試みが第1章で説明した最適課税論によるシミュレーション分析である。そしていま1つの判断基準は，諸外国の税率表との比較である。近年の世界の税制改革の流れは，所得税の税率表のフラット化である。この動きは，先進諸国において，福祉の充実の一方で経済活力の低下が生じてきたことと関連づけられるであろう。また，近年の経済のグローバル化の流れのなかで，ヒト，モノ，カネは国境を自由に越えられる時代に近づきつつある。とりわけ，企業についてはすでに円高や高い法人税のために，海外への流出が始まっている。個人については，言葉の壁により，動きにくいとされてきたが，高い税率表が課される高所得者ほどその障害は低くなる。いまや，世界の税制の流れを無視してわが国の所得税の税率表を決めれる時代ではないといえよう。そこで，この節では各国の所得税制について簡単に紹介した後に，具体的にアメリカとの所得税負担の比較において，わが国の税率表の特徴をとらえることにしたい。

(1)　各国の所得税制

　まず，主要先進諸国の所得税制の概要から紹介しよう。表2－1は，個人所得課税の国際比較を行ったものである。国税収入に占める所得税の比率からみていこう。わが国は直接税の比率が高いといわれてきたが，近年の度重なる所得税減税と消費税率の引上げなどにより税収に占める所得税の比率は大きく低下し，33.2％にすぎない。国際的にみるとイギリス，ドイツとほぼ同じ水準で

第2章　個人所得税の改革

表2−1　個人所得課税の国際比較

		日本		アメリカ	イギリス	ドイツ	フランス
国税収入に占める所得税収入の割合		〔10年〕33.2%		〔9年〕72.7%	〔9年〕34.5%	〔9年〕35.1%	〔10年〕18.4%
個人所得に占める所得税負担割合		〔10年〕3.6%（5.5%）		〔10年〕11.3%（13.8%）	〔8年〕10.2%	〔9年〕6.8%	〔9年〕3.7%
課税最低限		改正前 382.1万円	12年度改正 368.4万円	245.0万円	113.4万円	384.9万円	294.3万円
税率	最低税率〔住民税の最低税率〕	10%〔5%〕	10%〔5%〕	15%〔4%〕	10%	22.9%	10.5%
	最高税率〔住民税の最高税率〕	37%〔13%〕	37%〔13%〕	39.6%〔6.85%〕	40%	51%	54%
税率の刻み数〔住民税の税率の刻み数〕		4〔3〕	4〔3〕	5〔5〕	3	…	6

備考：1　課税最低限は，夫婦子2人（日本は特定扶養親族に該当する子と16歳未満の子がいるものとし，アメリカは子のうち1人を16歳以下としている）の給与所得者の場合である。
　　　2　（　）書は，住民税を含めた場合である。アメリカの住民税の税率は，ニューヨーク州個人所得税による。
　　　3　邦貨換算は次のレートによった。（1ドル＝112円，1ポンド＝180円，1マルク＝60円，1フラン＝18円）

出所：財務省ホームページhttp://www.mof.go.jp/jouhou/syuzei/siryou/kozin/kozi08.htm

あり，フランスの18.4%よりは高い。アメリカだけが72.7%と依然として所得税中心の税体系を採用していることがわかる。

　個人所得に占める所得税負担の国際比較からはわが国の負担率3.6%は，3.7%のフランスと同様に非常に軽いことがわかる。ただし，地方税も含めると5.5%とフランスよりも重くなる。フランスの所得税の負担割合が低いのは，国税収入に占める所得税の割合が18.4%と非常に低いためである。所得税が国税収入に占める割合がわが国とほぼ同じであるイギリスの負担率10.2%，ドイツの6.8%と比べると，地方税を含めてもなお，わが国の所得税負担は軽いことがわかる。

所得税の課税最低限については，次のようなことがいえる。わが国の現行の課税最低限の水準は，ドイツについで高いことがわかる。最も課税最低限の低いイギリスと比べると約4倍の水準となる。ただし，日本の課税最低限には，扶養割増控除が1人分適用され，また給与所得控除が課税最低限に含まれるなどにより，この表の比較には注意が必要となる。わが国の給与所得控除を給与所得に対する概算経費控除としてとらえるならば，国際比較の際の課税最低限に含めるべきではないからである。とはいえ，国際比較においてわが国の課税最低限から給与所得控除を差し引いた場合には，課税最低限の数字が過小に計算されることになる。なぜならば，現行の給与所得控除の水準は，概算経費としてはあまりにも大き過ぎるからである。したがって，現行の給与所得控除の水準が適正なものでない以上，ここではこの表のわが国の課税最低限の数字が多少過大に提示されている可能性のみを指摘するのにとどめておこう。

　所得税の税率については，最低税率についてはイギリス，フランスとほぼ同じ水準である。地方税も加えると，15％となるが，アメリカ，ドイツよりは低い。最高税率については，わが国は国税だけならば37％と諸外国に比べて低い水準となる。地方税を加えると，50％となり，フランスの54％，ドイツの51％とほぼ同じ水準となる。最高税率が低いのは，イギリスの40％である。アメリカは，レーガン税制改革により最高税率が28％（高所得者には5％の付加税あり）まで引き下げられていたものが，民主党政権への移行にともない，最高税率が引き上げられ，現在は国税のみでも39.6％となっている。税率の刻みについては，方程式により計算するドイツを除けば，税率の刻みが減少する方向で各国の所得税制が収斂してきたことがうかがえる。

　表2-1の数字だけでは，日本の税率表と諸外国の税率表の違いが必ずしも明確にはわからない。そこで，財務省の推計による所得税・個人住民税の実効税率の国際比較を示す図2-5をみてみよう。この図には，日本，アメリカ，ドイツ，イギリス，フランスの国税・地方税を合計した所得への課税の実効税率が描かれている。ただし，邦貨への換算レートが最新のものとは異なることに注意されたい。縦軸には，給与の収入金額，横軸には実効税率が採られてい

第2章　個人所得税の改革

図2－5　各国の実効税率

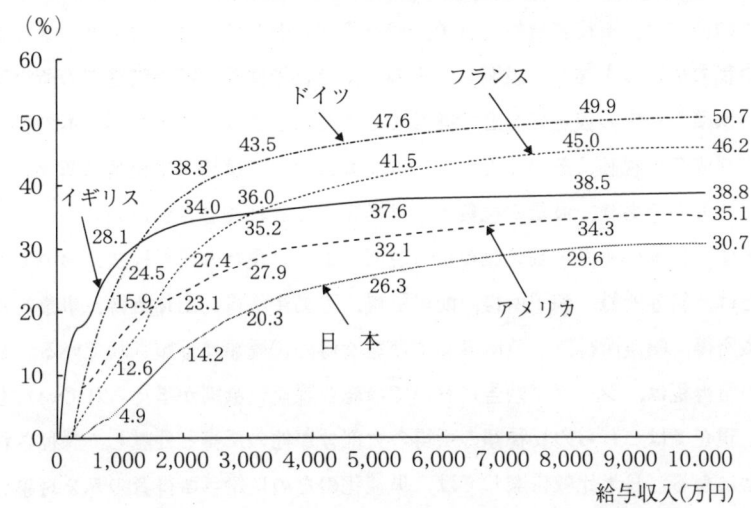

```
(%)
60
                                                      フランス
50              ドイツ                          49.9      50.7
          43.5         47.6               45.0          46.2
      38.3                41.5
40                                         38.5        38.8
    34.0  36.0                     37.6
   イギリス   35.2                              34.3       35.1
30  28.1        32.1                                   30.7
    24.5  27.4  27.9                       29.6
20   15.9  23.1   26.3              アメリカ
         20.3   日 本
10   12.6  14.2
0    4.9
    0  1,000 2,000 3,000 4,000 5,000 6,000 7,000 8,000 9,000 10,000
                                              給与収入(万円)
```

注：1　日本は子のうち1人は特定扶養親族に該当し，1人は16歳未満とし，アメリカは子のうち1人を16歳以下として計算してある。
　　2　換算レートは，1ドル＝106円，1ポンド＝169円，1マルク＝52円，1フラン＝16円。
　　　（基準外国為替相場および裁定外国為替相場：平成11年12月から平成12年5月までの実勢相場の平均値）
　　3　表中の数値は，給与収入1,000万円，2,000万円，3,000万円，5,000万円，8,000万円および1億円の場合の各国の実効税率である。
　　4　日本の実効税率は社会保険料控除の近似式の係数改定後のものである。
出所：財務省ホームページhttp://www.mof.go.jp/jouhou/syuzei/siryou/kozin/kozi11.htm

る。この図をみるとわかるように現在のわが国の所得税の実効税率は，すべての収入階級にわたって低くなっている。これは，近年における税制改正のなかで，課税最低限の引上げ，最高税率の引下げ等が実施されてきたためである。ただし，この図では，給与収入1,000万円以上の納税者の実効税率に焦点が当てられており，実際に納税者の分布が多い，1,000万円以下の税負担の構造はわかりにくい。そこで，諸外国のなかからアメリカを取り出して，わが国の所得税の負担と比較することにしよう。

(2) 所得税負担の日米比較

この節では，所得税負担の日米比較を行うに際して，まず日本とアメリカの所得税の仕組みを詳しく説明し，そのうえで日米両国の所得階層別の所得税負担の水準を一定の仮定のもとで推計することにしよう。ただし，日本の税負担は，平成7年税制に基づくもの，アメリカについては1994年税制に基づいて計算したものであり，最新の税負担とは異なることに注意されたい。

まず，日本の所得税制の概要から説明しよう。現行の所得税法において，所得とは，給与所得，利子所得，配当所得，不動産所得，山林所得，事業所得，退職所得，譲渡所得，一時所得および雑所得の10種類に分類されている。わが国の所得税は，シャウプ勧告においては総合課税の原則が唱えられていたものの，現在ではこれらの10種類の所得の大部分が他の所得と分離して課税されることになる。日米比較に際しては，単純化のために給与所得者のみを対象として国税としての所得税負担を行うこととし，以下では給与所得者に対する所得税負担の計算についてのみ言及しよう。

給与所得に対する所得税負担は具体的には以下のような手順で計算される。

ステップ1　給与所得＝給与収入－給与所得控除
ステップ2　課税所得＝給与所得－所得控除
ステップ3　課税所得に累進税率表を適用

ステップ1の給与所得控除は，第1章の表1－2の改革後の給与所得控除の表に従って計算した。ステップ2の所得控除としては，生命保険料控除や医療費控除のように特定の支出に対して認められるものも存在するが，基礎・配偶・配偶者特別・扶養の人的控除と社会保険料控除の合計額と仮定する場合が多い。ステップ3の累進税率表の計算においては課税所得に対して表1－2の改革後の税率表を適用した。たとえば，課税所得が500万円としたとき，平成7年の税率表では330万円以下の部分に10％，330万円を超えて900万円までの部分に20％の税率で適用されるため，330×0.1＋（500－330）×0.2で計算されることになる[7]。なお，税率表を適用して算出された税額に対しては，税額控除が適用されるケースもある。

第2章　個人所得税の改革

図2-6　アメリカの個人所得税の仕組み

```
┌─────────────────────────────────────────────────┐
│              総所得（Gross Income）              │
└─────────────────────────────────────────────────┘
                        ⇩
┌─────────────────────────────────────────────────┐
│ 調整総所得（Adjusted Gross Income）              │
│   ＝総所得－必要経費（deductions）               │
└─────────────────────────────────────────────────┘
                        ⇩
┌─────────────────────────────────────────────────┐
│ 課税所得                                         │
│   ＝調整総所得                                   │
│     －項目別控除（Itemized Deductions）or 概算控除（Standard Deduction）│
│     －人的控除（Personal exemption）             │
└─────────────────────────────────────────────────┘
                        ⇩
┌─────────────────────────────────────────────────┐
│              税　率　表　の　適　用              │
└─────────────────────────────────────────────────┘
                        ⇩
┌─────────────────────────────────────────────────┐
│              税額控除（Tax Credit）              │
└─────────────────────────────────────────────────┘
```

次に，アメリカの所得税制について説明しよう。アメリカの所得税の計算方法の概要は，表2-2に示している。まず，総所得から必要経費を差し引くことで調整総所得（Adjusted Gross Income）が計算される。この必要経費は，アメ

表2-2　アメリカの所得控除（1994年）

概算控除（Standard Deduction）	
夫婦共同申告	$6,550
夫婦分割申告	3,275
世帯主申告	5,750
独身申告	3,900
主な項目別控除（Itemized Deductions）	
医療費控除（Medical and Dental Expences Deduction）	
地方税控除（Nonbusiness Tax Paid Deduction）	
支払い利子控除（Nonbusiness Interest Paid Deduction）	
投資費用控除（Investor's Expences Deduction）	
慈善的寄付金控除（Charitable Deduction）	
盗難，災害損失控除（Nonbusiness Casualty or Theft Losses Deduction）	
転勤費用控除（Moving Expences Deduction）	
人的控除（Personal exemption）	
基礎控除 $2,500（1995年）	

リカの場合，領収書の提出による実額経費である。また，この段階で個人退職口座（IRAs）への拠出金なども控除できる。調整総所得からは，医療費控除などの個別の項目を合計する項目別控除（Itemized Deductions）ないし概算控除（Standard Deduction）のいずれかを差し引いて，さらに人的控除を差し引くことで，課税所得が計算される。概算控除と人的控除の金額は，表2－2に示されている。課税所得に対しては，表2－3の5段階の税率表が適用される。最後に，税額控除が適用されるケースがある。

表2－3　アメリカの所得税の税率表

	1994年		1995年	
独身申告	課税所得	限界税率	課税所得	限界税率
	$ 0－$ 22,750	15%	$ 0－$ 23,350	15%
	22,750－ 55,100	28	23,350－ 56,550	28
	55,100－ 115,000	31	56,550－ 117,950	31
	115,000－ 250,000	36	117,950－ 256,500	36
	250,000－	39.6	256,500－	39.6
夫婦共同申告	課税所得	限界税率	課税所得	限界税率
	$ 0－$ 38,000	15%	$ 0－$ 39,000	15%
	38,000－ 91,850	28	39,000－ 94,250	28
	91,850－ 140,000	31	94,250－ 143,600	31
	140,000－ 250,000	36	143,600－ 256,500	36
	250,000－	39.6	256,500－	39.6
夫婦分割申告	課税所得	限界税率	課税所得	限界税率
	$ 0－$ 19,000	15%	$ 0－$ 19,500	15%
	19,000－ 45,925	28	19,500－ 47,125	28
	45,925－ 70,000	31	47,125－ 71,800	31
	70,000－ 125,000	36	71,800－ 128,250	36
	125,000－	39.6	128,250－	39.6
世帯主申告	課税所得	限界税率	課税所得	限界税率
	$ 0－$ 30,500	15%	$ 0－$ 31,250	15%
	30,500－ 78,700	28	31,250－ 80,750	28
	78,700－ 127,500	31	80,750－ 130,800	31
	127,500－ 250,000	36	130,800－ 256,500	36
	250,000－	39.6	256,500－	39.6

第2章　個人所得税の改革

　それでは、具体的に所得税負担の日米比較を行ってみよう。計算にあたっては、単純化のために、以下のような仮定をおいた。日米両国とも夫婦子供2人の4人家族を想定した。世帯主のみに収入があるとし、子供についてはわが国の16歳以上23歳未満の扶養割増控除の対象とはしない。アメリカの所得税の計算においては、給与収入が調整総所得に等しいものとして計算した。わが国の所得税の計算においては、給与収入から給与所得控除を差し引いて給与所得を求めた。したがって、アメリカの所得税負担を過大に計算していることに注意されたい。アメリカの所得税負担の計算に際しては、ドルベースで税負担を計算した後に、1ドル＝100円として邦貨換算を行った。アメリカの課税所得の計算においては、概算控除が選択されたものとした。

　図2－7は、日本とアメリカの所得税の税率構造の全体像を描いたものである。この図の縦軸には、所得税の負担額、横軸には、給与収入が採られている。この図をみるとわが国の所得税負担は、アメリカと比べるとどの所得階層でも低くなっている。ただし、このことは、アメリカの所得税負担の計算においては、給与収入に対する必要経費を差し引いていないことと、最近の円高を反映してアメリカの課税最低限がわが国と比較すると相対的に低くなることを反映

図2－7　日本とアメリカの所得税の税率構造の全体像
（夫婦子供2人の標準世帯）：単位万円

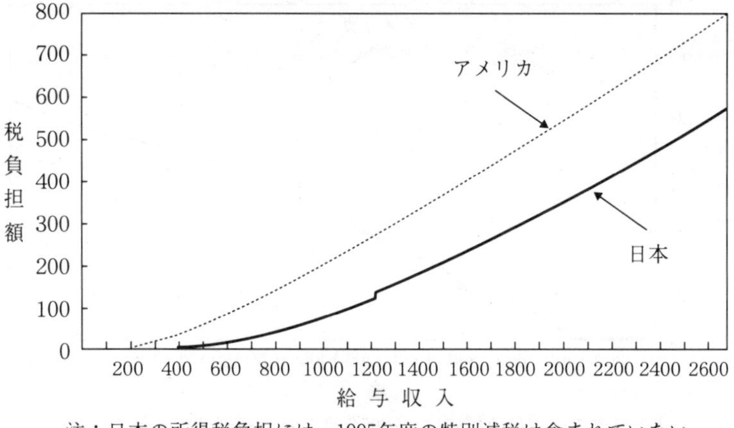

注：日本の所得税負担には、1995年度の特別減税は含まれていない。

している。したがって，日米両国の所得税負担を比較する際には，税負担額の絶対的な水準よりむしろ，税率構造としての給与収入の上昇に応じた税負担の上昇の程度に注目すべきであろう。全体としての税率構造を眺めるとわが国の税率構造よりアメリカの税率構造の方が，よりなめらかな構造となっている。わが国の税率構造は，給与収入800万円の付近で税負担額の上昇のカーブがきつくなり，さらに給与収入が約1,200万円のところで税負担のジャンプがみられる。このジャンプは，配偶者特別控除が合計所得金額が1,000万円（給与収入だと約1,200万円）以下の納税者にしか認められていないために，所得金額が1,000万円を超えると，所得税の配偶者特別控除35万円がいきなり打ち切られるためである。

　日米の所得税の税率構造の違いを一層明確にするために，日米両国の所得税の実効税率を描いたものが図2－8である。この図の縦軸には，実効税率，横軸には給与収入が採られている。実効税率は，所得税額を給与収入で割ったものとした。この図においても，やはりわが国については，給与収入が約1,200万円のあたりで配偶者特別控除の打ち切りによる実効税率のジャンプが生じて

図2－8　日本とアメリカの所得税の実効税率
（夫婦子供2人の標準世帯）：単位万円

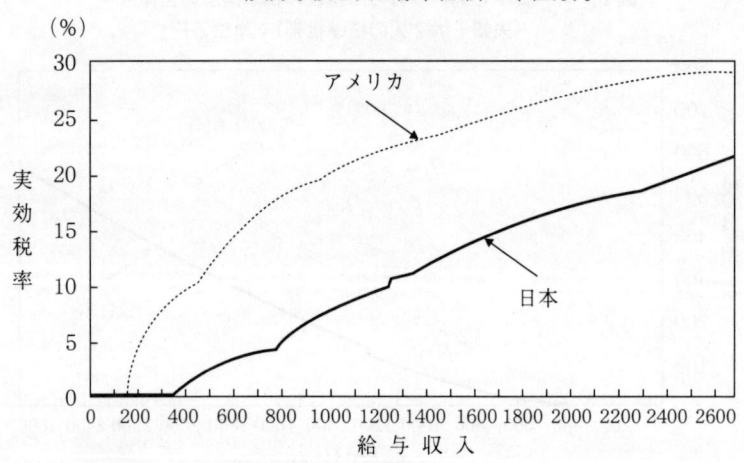

注：日本の所得税負担には，1995年度の特別減税は含まれていない。

いる。しかし，その点を除けば，わが国の実効税率の上昇は低所得階層，高所得階層のいずれにおいてもアメリカよりも上昇の角度が小さいことがわかる。図2-7においては，アメリカの方がよりフラットな構造であったのに対して，図2-8ではわが国の方が実効税率の上昇がゆるやかになっている。これは，明らかにわが国の課税最低限の高さが実効税率の低下をもたらしていることを示している。

　経済学的には，わが国の税率構造は，アメリカよりも効率性を阻害するものとなっている。1つの原因は，配偶者特別控除の打ち切りによる税負担のジャンプが生じているためである。いま1つの原因は，これまでのわが国の所得税減税が課税最低限を引き上げることを柱としてきたために，アメリカよりも平均税率ないし実効税率は低いものの限界税率が高くなっているためである。経済学は，人々の労働意欲に影響を与えるのは，平均税率ではなく，限界税率であることを我々に教えてくれる。このことが，国際的にみると軽い所得税負担であるにもかかわらず，わが国の所得税負担の「重税感」の一因となっているのである。

　最後に，今後のわが国の所得税改革の方向に関して，所得税制の国際比較のなかから得られた教訓をまとめておこう。第1に，税収に占める比率でみると日本の所得税制への依存度は諸外国に比べるとまだまだ低く，税体系を見直すならば法人税の減税をまず考えるべきである。第2に，わが国の課税最低限は，国際的にみると高すぎることは明らかであり，課税最低限を抑制することで，最高税率の引下げなど思い切った税率構造のフラット化を行うべきである。第3に，現行の配偶者特別控除の高額所得者への打ち切りは，税負担のジャンプを生じるため，妻の収入が増加にともない段階的に夫に認められる控除額が削減されるという消失控除制度と同様の措置が検討されるべきであろう。

［参考文献］

石弘光（1990）『税制のリストラクチャリング』東洋経済新報社．
大田弘子（1994）「女性の変化と税制－課税単位をめぐって－」野口悠紀雄編『税制改革の新設計』第6章所収，日本経済新聞社．
野口悠紀雄（1994）『税制改革のビジョン』日本経済新聞社．
橋本恭之（1994）「個人所得課税の改革と具体的シミュレーション」『税経通信』Vol. 49, No.15．
橋本徹・山本栄一編（1987）『日本型税制改革』有斐閣．
本間正明・跡田直澄（1989）『税制改革の実証分析』東洋経済新報社．
宮島洋（1986）『租税論の展開と日本の税制』日本評論社．
CCH Tax Law Editors (1995), *U.S. Master Tax Guide,* CCH.
Hall, R. E. and A. Rabushka (1985), *The Flat Tax,* Hoover Press.

〔注〕
1) 社会保険料控除は，『国税庁統計年報書』に掲載されている推計方式に従い，給与収入500万円以下の部分について7％，500万円超1,000万円以下の部分について2％，1,000万円超45万円とした．
2) 宮島洋（1986）155ページ参照．
3) 将来の給与収入は，平成3年の年齢階級別の給与収入が年功序列型の等級表を反映したものと仮定し，この等級表が毎年3.75％ずつベースアップされるものとした．
4) 本章では，退職年齢を60歳と仮定したため，各世代は退職を支給要件とする特別支給の厚生年金が61歳から64歳まで支給されることになる．65歳からは，基礎年金としての国民年金（夫婦2人分）と2階建て部分としての厚生年金が支給されることになる．年金の支給額については，『家計調査』の定期収入を標準報酬として平均標準報酬月額を求めて，試算した．
5) さらに，各世代は65歳以上になると夫婦2人の世帯になると仮定した．
6) これは，本章の試算において公的年金控除の水準は将来にわたって据え置かれると仮定したためである．現実的には，公的年金受給額の増大にあわせて，公的年金控除の水準が引き上げられる可能性もある．
7) なお，平成7年度については，さらにステップ3で求められた税額に対して15％の一律の特別減税がある．

第3章　消費税の改革

第1節　消費税の廃止・凍結論

　消費税に対して批判的な意見は，2つに大別できる。1つは，消費税の必要性を認めながら，現行の消費税にはさまざまな問題点が存在しているという見方と，いま1つは消費税そのものに対する廃止・凍結論である。さらに，消費税自体に対する廃止・凍結論は，短期的な視点からの意見と長期的にみた消費税不要論に分けられる。

　短期的な消費税凍結論は，景気対策として一時的な税率引下げを主張する考え方である。しかし，第1章でみたように，長期的な視野を持つ家計ならば，一時的に税率を引き下げても，引下げ直後の一時的な需要増大と引下げ前の需要抑制を生じるだけで，年間の消費を拡大することにはつながらない。所得税や消費税のような税制の根幹をなす税目に対しては，税負担の公平性，効率性を無視するわけにはいかない。村山税制改革において徴税当局が将来の高齢化社会における税負担のあり方を考慮にいれて，早期の消費税率の引上げを主張したのにも一理ある。結果として，村山税制改革は，景気対策と高齢化社会への対応という2つの目標を追い求めることになり，景気対策という点では失敗に終わったのである。

　一方，長期にみた消費税不要論は，税制の公平性の視点からのものであり，十分に検討する価値のあるものである。竹下税制改革における消費税の導入，村山税制改革による消費税率の引上げは，いずれも所得税体系から消費税体系への移行を意図したものであった。そこでは，消費税へのシフトは，高齢化社

会における世代間の公平性を考慮したものであると説明されていた。しかし，消費税へのシフトは，世代間の不公平をかえって拡大するのではないかという意見もある。たとえば，八田 (1994) は「消費税シフトを行うことは，高齢化時代の現役世代の税負担を増大させ，その一方で高齢化社会の退職世代の税負担を軽減する」と主張している[1]。その理由として，消費税率の引上げは，退職世代にとっては年金の物価スライドにより相殺されること，住宅価格の上昇がすでに住宅を購入した退職世代よりも現役世代に負担をもたらすことなどを挙げている。これらの消費税の批判に対しては，年金の物価スライドから消費税率分を除くことや，住宅の購入にかかる消費税を非課税とすることなどの消費税の見直しで対応することも可能である。しかし，「高齢化時代に消費税シフトを行うことは，高齢化時代の現役世代の平均的個人の一生を通じての財政負担を減らさない」という批判は，消費税シフトに対する本質的な批判である。さらに野口 (1994) も消費税シフトによる世代別税負担の変化を計測し，「現在24歳以下の階層は，増減税がちょうど相殺する……中略……最も大きな恩恵を受けるのは，現在45歳～49歳の世代」であるとし，したがって「2015年頃において年金を受給している世代は，現在45歳以上の世代であり，税負担をする世代はそれより若い世代である。……中略……今回の改革は，前者の世代の負担をより大きく緩和している。これは本来必要とされるものとは逆の変化であろう」と指摘している[2]。

　一方，本間・跡田 (1989)，橋本 (1998) は，税調答申と同様に消費税体系への移行は，高齢化社会における現役世代の税負担を軽減することにつながるとしている。このような推計結果の違いは，どこから生じたのであろうか。本間・跡田 (1989)，橋本 (1998) の試算では，税制改革にともなう各世代の税負担を計算する際において，改革前税制が継続する場合と改革後税制が継続した場合の税負担を比較している。この改革前後の税制には，竹下税制改革や村山税制改革の税制を使用している。竹下税制改革は減税超過型，村山税制改革は増税超過型の税制改革であった。この想定は，野口 (1994) とは明らかに異なる。野口 (1994) では，消費税シフト後の税収がシフト前と同額になる，つま

り税収中立となる条件の下での世代間の税負担の比較を行ったのである。

　結局，八田（1994）や野口（1994）の批判は，税収中立という条件の下では，若者世代については，消費税シフトは生涯の税負担を軽減することにはつながらない，単に，生涯の税負担を平準化するにすぎないというものである。仮に，本間・跡田（1989），橋本（1998）においても税収中立の制約をおいて計測していたならば，野口と同様の結論が生じていたであろう。確かに公平性の観点からは，ライフサイクルの税負担の平準化はあまり意味がない。しかし，ライフサイクルの平準化が支持されるのは，公平性の観点ではなく，効率性の観点からである。所得税に偏重した税体系のもとでは，高齢社会において若者世代の壮年期に税負担を集中させることになる。このような壮年期における税負担の集中は，勤労意欲を阻害する可能性がある。さらに，経済成長に与える影響も見逃せない。野口（1994）の推計は，世代会計と呼ばれる手法を用いて，世代間の税負担を計測したものだが，そこではこのような税体系の変更が効率性に与える影響をまったく考慮していない。そこで以下では，効率性への影響も考慮したうえで所得税体系から消費税体系への移行を評価することにしよう。

第2節　所得税体系から消費税体系への移行

　この節では，長期的な観点から所得税体系から消費税体系への移行が世代間の公平性，効率性にどのような影響をもたらすのかを明らかにしよう[3]。ここでは，政府が毎期公共財への支出量を一定に維持するように，所得税減税による税収減を調整するような税制改革の影響を調べた。政府が毎期公共財の支出量を一定に維持するという想定は，野口（1994）における税収中立という想定と同様に，税制改革による質的な効果を測定するために採られたものである。所得税減税による税収減の調整方法については，

　ケース1：所得税減税による税収減を消費税率の引上げで調整する場合
　ケース2：所得税減税による税収減を利子所得税率の引上げで調整する場合

が想定されている。

　まず，図3－1は，改革前の税制とケース1，ケース2の税制のもとでの1人当たりの資本の経路を描いたものである。改革前の税制とは，1993年税制が将来にわたって継続していた場合を意味している。この図では，ケース1では，勤労期間にのみ課税される累進所得税の減税が資本蓄積の増大につながっていることを示している。ケース2では，利子所得への課税が直接的に資本蓄積の減少につながることを示している。

　改革前の税制と比較して，ケース1，ケース2の改革のどちらが優れているかを改革前の厚生水準からの変化率をみることで比較したものが図3－2である。ここでは，重複している58世代の生涯消費に依存した効用水準を各期において集計することで社会全体の厚生水準が計算されている。図によるとケース1では，当初の数期間においては厚生水準を悪化させることになるが，その後は厚生水準が改善されている。一方，ケース2では，改革直後から約30年間は多少厚生が悪化し，改革後40年が経過した頃から大幅に厚生水準が悪化し，約

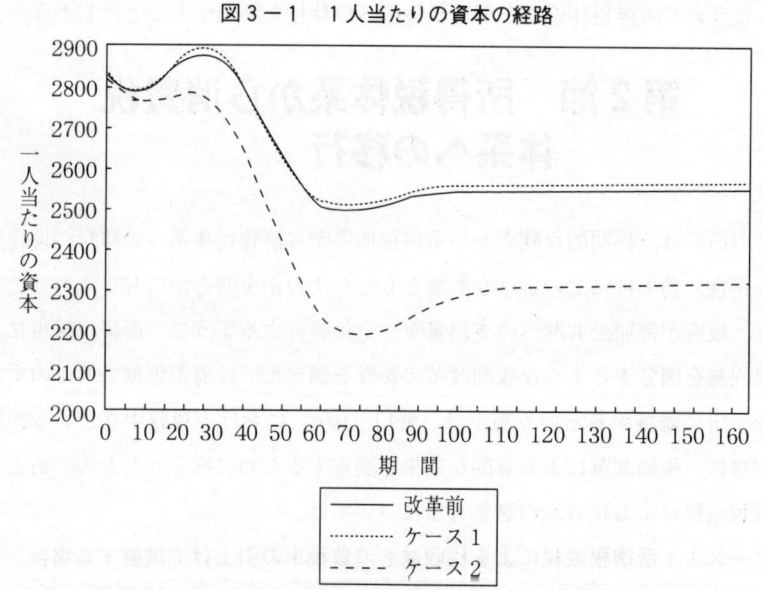

図3－1　1人当たりの資本の経路

出所：橋本恭之（1998）『税制改革の応用一般均衡分析』関西大学出版部，170ページ引用。

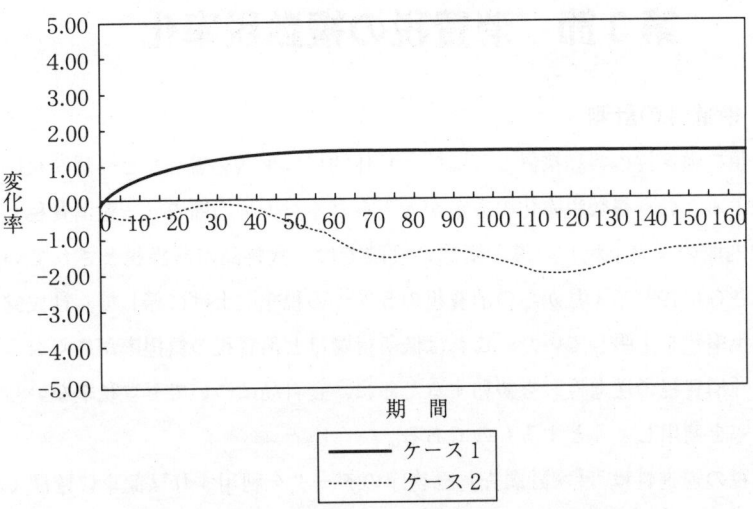

図3-2 税制改革前後の厚生変化率の比較

出所：橋本恭之 (1998)『税制改革の応用一般均衡分析』関西大学出版部, 170ページ引用。

120年後に厚生水準の悪化はピークに達する。その後，多少厚生水準の悪化の度合いは低下するものの最終的に厚生水準がプラスに転じることはない。

以上の分析結果は，所得税体系から消費税体系への移行の方が資本蓄積を促進し，経済成長にプラスの効果をもたらし，総厚生が高められることを示唆している。したがって，効率性の観点からは，消費税の比率を高めるような改革が支持されることになる。しかし，以上の分析は，各世代は平均的な家計から構成されるという単純化のもとで行われている。現実には，同一世代内であっても所得格差が存在している。したがって，八田 (1994) が指摘するように「消費税シフトは，中小企業で働く高卒者から，高所得者および大企業で働く大卒者への所得移転を行った」という批判が成立するのである[4]。すなわち，所得税体系から消費税体系への移行は，消費税の持つ負担の逆進性の性質ゆえに，所得の不平等度を拡大させるおそれがある。この消費税における逆進性を緩和する措置として，消費税導入当初から複数税率の採用を支持する意見があった。次節では，この消費税の複数税率化の是非を検討しよう。

第3節　消費税の複数税率化

(1) 逆進性の計測

　消費税の逆進性の緩和措置としては，具体的には生活必需品などへ軽減税率を適用するという複数税率化の方策が考えられる。大平内閣の「一般消費税」，中曽根内閣の「売上税」の導入構想の段階では，食料品が非課税とされていた[5]。さらに1997年4月からの消費税の5％への税率引上げに際して，社民党は複数税率化を主張していた。これは低所得層ほど消費税の負担率が高くなるという「消費税の逆進性」を緩和するために，食料品についてゼロ税率ないし軽減税率を適用しようとするものである。

　消費税の逆進性は，『家計調査』総務庁のデータを利用すれば簡単に確認できる。表3－1では，1995年の全世帯の消費支出のデータを利用して年間収入に対する消費税の負担率を計算してみた。『家計調査』には税込みの消費支出額が掲載されているので，消費税の負担額は消費税の実効税率3／103をかけるだけで求まる。消費税5％のときの負担率をみると，第Ⅰ所得分位の負担率が4.5％であるのに第Ⅹ所得分位の負担率は，1.7％となっており，低所得層の方が相対的に負担率が高くなっている。社民党の提案は，この消費税の欠陥を是正しようとするものである。

　そこで，複数税率が採用され，食料品についてゼロ税率が適用された場合の消費税の負担を計算してみた。ただし，食料品以外の税率は，すべての消費に

表3－1　消費税の逆進性と複数税率化

所得分位		Ⅰ	Ⅱ	Ⅲ	Ⅳ	Ⅴ	Ⅵ	Ⅶ	Ⅷ	Ⅸ	Ⅹ
負担額 (万円)	消費税	10.9	13.6	15.2	16.1	17.8	19.6	20.9	22.6	24.7	30.3
	複数税率	10.1	13.1	14.9	15.8	17.5	19.6	20.9	22.8	25.3	31.8
負担率	消費税	4.5%	3.7%	3.4%	3.1%	2.9%	2.8%	2.6%	2.5%	2.2%	1.7%
	複数税率	4.2%	3.6%	3.3%	3.0%	2.9%	2.8%	2.6%	2.5%	2.3%	1.8%

出所：『家計調査年報（平成7年）』総務庁より作成。

第3章　消費税の改革

対して5％で課税する場合よりも高くしなければならない。『家計調査年報』総務庁の世帯分布を利用して，推計したところ，この税率は6.55％になることがわかった[6]。

複数税率を採用すれば，第Ⅰ所得分位の負担率は4.2％に低下し，第Ⅹ所得分位の負担率は1.8％まで上昇する。複数税率化は逆進性を緩和できることになる。しかし，負担額でみると第Ⅰ所得分位の消費税負担の軽減額はわずか年間8,000円にすぎない。

複数税率を採用している諸外国の例をみると，基本税率がわが国に比べるとかなり高い。表3－2は諸外国の付加価値税の税率をまとめたものである。表によると，ＥＵ諸国の場合，標準税率が15％以上と高いため，多くの国で軽減税率が適用されていることがわかる。たとえば，フランスでは，標準税率が20.6％，軽減税率が2.1％と5.5％，イギリスでは，標準税率が17.5％，軽減税率がゼロ税率と5％，ドイツでは標準税率が16％，軽減税率が7％となっている。デンマーク，韓国，ニュージーランド，ノルウェーでは軽減税率が設定されていない。標準税率が高い国ほど，軽減税率が設定される可能性が高いが，デンマークのように標準税率が25％と高いにもかかわらず軽減税率が設定されていない国や逆にカナダのように標準税率が7％であっても軽減税率が設定されている国もある。

では，軽減税率がどのような品目に設定されているかをいくつかの代表的な国を取り上げてみていこう。軽減税率の採用に積極的な国としては，従来からゼロ税率を採用してきたイギリスが知られている。イギリスのゼロ税率は食料品，旅客輸送，新築住宅建設，水道，書籍，新聞などの必需品に適用されている。

次に，従来贅沢品に割増税率をかけるなど複数税率の代表であったフランスでは，1992年に割増税率を廃止し，2.1％と5.5％の2種類の軽減税率を適用している。5.5％の軽減税率の適用される品目としては，食料品，医療，書籍，旅客輸送などが挙げられる。2.1％の軽減税率は，社会保障制度で支給される医療などに適用される。

53

表3-2　諸外国の付加価値税率　　　　（単位：％）

国　名	導入年	現行税率（1998.1.1）	
		標準	軽減
（EU）			
EC指令		15以上	5以上（2本以下）
フィンランド	1964	22	8, 17
デンマーク	1967	25	―
フランス	1968	20.6	2.1, 5.5
ドイツ	1968	16	7
オランダ	1969	17.5	6
スウェーデン	1969	25	6, 12
ルクセンブルグ	1970	15	3, 6, 12
ベルギー	1971	21	1, 6, 12
アイルランド	1972	21	0, 3.3, 12.5
イギリス	1973	17.5	0, 5
イタリア	1973	20	4, 10
オーストリア	1973	20	10, 12
ポルトガル	1986	17	5, 12
スペイン	1986	16	4, 7
ギリシャ	1987	18	4, 8
（EU以外）			
ノルウェー	1970	23	―
韓国	1977	10	
ニュージーランド	1986	12.5	
カナダ	1991	7	0

注：EUでは，市場統合の一環として間接税の調和のため，付加価値税の標準税率を15％以上，軽減税率を5％以上とし，割増税率を廃止しなければならない旨の指令を1992年10月に出している。なお，ゼロ税率については，EC指令において，従来からこれを否定する考え方が採られている。

出所：政府税制調査会付属資料。

　最後に，ドイツでは，7％の軽減税率が一部の品目に適用されている。軽減税率の水準ですら，2001年現在の税率5％を上回ることになる。

　以上のように，複数税率のもとで課税しているヨーロッパ諸国では，かなりきめ細かく軽減税率が設定されていることがわかる。そのため，軽減税率の適

用品目についての規定は，かなり細かく定義されており，税制が複雑化していることは否めない。

したがって，わが国の場合は，税率水準が現在の程度ならば複数税率化を急がねばならない理由はない。しかし，わが国の消費税の税率水準は，今後徐々に引き上げられていく可能性が高い。この将来の消費税率の引上げをも視野に入れたならば，複数税率化に対する要請が高まることになろう。

(2) 複数税率化と納税方式

複数税率化については，政府税制調査会はこれまで消極的な姿勢を示してきた。たとえば，1994年6月21日に発表された政府税制調査会の「税制改革についての答申」によると，複数税率の導入については，「①国民の消費態様が多様化している今日，対象品目を客観的な基準により選択することは困難である，②対象品目とそれ以外の価格に異なる影響を与えることになる，③納税義務者の事務負担をはじめ，国民全体で膨大な社会的・経済的コストを払うこととなる」等の問題から複数税率の導入に否定的な見解を示している。さらに，税調答申では「軽減税率を設ける場合には，これによる減収分を補うため，標準税率の引上げ幅を大きくしなければならないこと」も指摘している。政府税調の指摘するこれらの問題のうち②については，複数税率化を実施した場合の当然の帰結であるともいえるが，その他の問題については，複数税率化のデメリットに間違いない。

政府の税制調査会が指摘した複数税率化にともなう問題点「③納税義務者の事務負担をはじめ，国民全体で膨大な社会的・経済的コストを払うこととなる」は，何を意味しているのであろうか。それは，現行の消費税の仕組みを把握することで理解できる。

図3－3は，消費税導入前後の取引状況を示したものである。記号Aで表される製造業者から，中間のBおよびCの事業者を経由して消費者の手にわたるものとしている。単純化のために製造業者は仕入額がゼロだとした。まず，Aは自らの売上8,000円に税率5％をかけて，8,400円でBに販売する。Aの納税

図3−3　消費税の仕組み　　　　　　（単位：円）

消費税導入前の取引状況

	A	B	C	小売価格
売上価格	8,000	10,000	12,000	12,000
仕入価格	0	8,000	10,000	
粗利益	8,000	2,000	2,000	

消費税導入後の取引状況

	A	B	C	小売価格
税込売上価格	8,400	10,500	12,600	12,600
（売上税額）	400	500	600	税負担　600
税込仕入価格	3,000	8,400	10,500	
（仕入税額）	0	400	500	
納付税額	400	100	100	税収　600
粗利益	8,000	2,000	2,000	

額は400円となる。Bは消費税導入前の売上価格10,000円に対して消費税として500円を加える。しかし，Bの納税額は500円とはならない。なぜならば，Bの売上10,500円には仕入の段階での税額が含まれているので，Bが400円を納税すれば税の累積が生じることになる。そこで，Bは仕入の際に前段階で支払われた税額（8,000円×5％＝400円）を差し引いて，100円を納付する。この納税額は，Bの粗利益2,000円に税率5％をかけた金額に等しくなる。Cの納税額も同様にして計算される。各段階での売上に対する税の価格転嫁が完全に行われる限り，最終的に消費者の支払う価格は，消費税導入前の12,000円から税率5％の分だけ上昇し，12,600円となる。なお，仕入に際して前段階の税額が明記された仕送り状（インボイス）や税額票が発行されない現在のわが国の仕入控除方式の消費税の場合，納税額の計算は帳簿上で行うことになるために，納税額は以下の式に基づいて算定される。

$$納税額 = 税込み売上額 \times \frac{5}{105} - 税込み仕入額 \times \frac{5}{105}$$

このような納税額の計算は，単一税率のもとでは帳簿上で簡単に計算可能である。しかし，複数税率化のもとでは帳簿上で税額の計算を行うことはきわめて難しい。たとえば，小売業者が税率0％の食料品と税率5％のその他の商品を取り扱う場合を想定してみよう。この小売業者は，消費者に対しては，食料

品を売るときは，税率ゼロで，その他の商品は税率5％を上乗せして販売することになる。そのため，レジスターのプログラムを書き換えねばならない。さらに，これまでは帳簿上で税込みの売上額と税込みの仕入額のみから納税額の計算が可能であったが，複数税率のもとでは，商品ごとに納税額の計算をする必要がある。このように商品ごとに納税額を計算することは，複雑さを増すが技術的には可能であるようにも思える。しかし，現実には，もっと厄介な問題が生じる。たとえば，生鮮食料品のみを扱う小売店があったとしよう。この小売店の仕入れた食料品は，中間段階で輸送の際に保冷車を使用し，さらに，段ボールにパッケージされていたとしよう。この食料品の仕入価格には，ゼロ税率の適用される食料品のみならず，消費税が課税される段ボールや輸送コストが含まれているのである。逆進性緩和のために，食料品の価格上昇を完全に防ぐためには，これらの仕入に含まれる税額を還付する必要がある。帳簿上で納税額を計算する現行の消費税方式のもとでは，還付すべき税額を正確に計算することは困難であろう。

　一方，ヨーロッパ諸国で実施されているインボイス方式の付加価値税のもとでは，多くの国で複数税率が採用されている。インボイス方式のもとでは，単一税率であっても，複数税率であっても納税事務負担が大きく異なることはない。インボイス方式のもとでは，納税額は商品ごとに発行されるインボイスに記載された税額をもとに計算される。すなわち，各事業者は，自らが売上の際に発行したインボイスに記載した税額を集計した売上税額から，仕入の際に受け取ったインボイスに記載された税額を集計した仕入税額を差し引くだけで納税額を正確に計算することができる。仮に，食料品にゼロ税率を適用するとした場合，食料品のみを販売する小売店であっても，商品の陳列棚や輸送コストなどの課税品目の仕入にともなう仕入税額の還付をインボイスによって請求することができる。

　以上でみたように，複数税率の導入を可能にするためには，現行の帳簿方式からインボイス方式への移行が不可欠であることになる。もちろん，インボイス方式に移行することは，商品ごとのインボイスの発行と保存が義務づけられ

ることになり，現在の消費税よりも納税事務負担が増大することは否めない。しかし，帳簿方式のままで複数税率化を図る場合と比べると，インボイス方式のもとでの複数税率化のほうがはるかに納税事務負担は軽減されることになろう。

第4節　簡易課税制度，免税水準の見直し

　消費税の複数税率化以上に消費税見直しの緊急の課題とされるのが，簡易課税制度，免税水準の見直しである。消費税の制度的な欠陥としては，消費税導入当時に事業者の消費税への反発を抑えるために編み出された，「免税業者」「簡易課税制度」「限界控除制度」の3点セットが批判を浴びてきた。これらの制度は，本来消費者が負担し，国庫に納入されるべき消費税の税収の一部が事業者の懐に入るという，「益税」問題を生じる。

　図3-4は，小売業者が免税業者であるケースにどれだけ益税が発生するかを示したものである。同じ商品をすべて課税業者を通じて，消費者まで流通し

図3-4　免税による益税の発生　　　　　（単位：円）

すべてが課税業者のケース

	A	B	C	小売価格
税込売上価格	8,400	10,500	12,600	12,600
（売上税額）	400	500	600	税負担 600
税込仕入価格	3,000	8,400	10,500	
（仕入税額）	0	400	500	
納付税額	400	100	100	税収 600
粗利益	8,000	2,000	2,000	

小売業者が免税業者のケース

	A	B	C	小売価格
税込売上価格	8,400	10,500	12,600	12,600
（売上税額）	400	500		税負担 600
税込仕入価格	3,000	8,400	10,500	
（仕入税額）	0	400		
納付税額	400	100	0	税収 500
粗利益	8,000	2,000	2,100	

第3章　消費税の改革

ていくケースと小売業者だけが免税業者のケースを比較してみた。消費税において免税業者は，消費税の納税を行わない。一方，消費者にとっては，小売業者が免税業者かどうかを知る術はない。免税業者は，一物一価の原則から課税業者と同じ価格設定をすると考えられる。免税業者は課税業者と同じ価格設定をした場合，粗利益は2,100円となり，課税業者の納税額に等しい100円を「益税」として獲得できることになるのである。この場合，消費者の負担額は同一であり，政府の税収が「益税」分だけ減少して，500円となっている。

この益税解消については，1993年11月に発表された中期答申「今後の税制あり方についての答申－『公正で活力ある高齢化社会を目指して』－」を踏まえて税制改革の基本的な考え方と具体的な方向づけを中心に提言した1994年6月21日における政府税制調査会の「税制改革についての答申」においても取り上げられた。

その答申では，「事業者免税点制度」については，「相対的に規模の大きい免税業者には課税業者としての対応を求めていく」としている。消費税における免税点は，零細業者における納税事務負担の軽減と徴税コストの両面から考えてその存在には十分な合理性が存在すると考えられる。ただし，わが国の場合，免税点が諸外国に比べて高すぎるところが問題とされたのである。この答申を受けて，事業者の免税点の引下げが検討されたが，結局免税点は据え置きとなった。

次に簡易課税制度は，売上のみで納税額の計算を可能とさせる制度である。図3－5は，簡易課税が適用される場合の納税額の計算方法をまとめたものである。

通常は売上高に税率5％をかけた額から仕入税額を控除して納付税額を計算

図3－5　簡易課税制度の仕組み

税額＝売上高×税率－みなし仕入税額
　　　＝売上高×税率－売上高×税率×80％
　　　＝（売上高－売上高×80％）×5％
　　　＝売上高×20％×5％
　　　＝売上高×1％

するが，この制度では仕入税額を売上税額の一定比率であるとみなすことになる。これはみなし仕入比率が80％のケースについての計算式である。みなし仕入税額は，仕入の比率を仮定することで，売上高だけで計算可能となる。図のケースでは，最終的に納税額は，売上高×1％に等しくなっている。この簡易課税制度のもとでは，現実のマージン率が税法で想定されている比率よりも高い場合には，「益税」が発生することになる。事業者には，簡易課税制度と本来の納税方式の選択が許されているために，簡易課税制度を選択するのは「益税」が発生するケースだと考えられる。

　政府税制調査会は，簡易課税制度については，「適用上限について，中小事業者の事務負担に配慮しながら，更に引き下げることが適当である」とし，簡易課税制度の適用上限は1998年（平成9年）4月1日以降，4億円から2億円に引き下げられた。しかし，簡易課税制度はインボイス方式を採用しているヨーロッパ諸国において，インボイスなしでの納税を可能にするために中小事業者に認められていたものである。しかし，わが国の消費税は，アカウント方式を採用することで，帳簿上のみで税額の計算が可能であり，簡易課税を採用する必要はなかったのである。したがって，消費税がアカウント方式を継続するならば，簡易課税の全面廃止をすべきであろう。

　限界控除制度は，免税点を多少超える業者にも免税のメリットを与えようとする制度であった。この制度は，売上高3,000万円から6,000万円（1991年以降5,000万円）までの事業者に適用されていた。その納税額の算定方式は，

$$限界控除税額＝本来納付すべき税額 \times \frac{(5,000万円－課税期間の売上高)}{2,000万円}$$

で示される。この「限界控除制度」については「廃止を含め適切な是正を行うことが適切である」とされ，1998年4月1日から廃止された。

　したがって，消費税の制度的な欠陥として残された課題は，免税点の引下げと簡易課税制度の取り扱いとなる。現行の帳簿方式のもとでは，簡易課税制度

は廃止すべきであろう。しかし，将来的に複数税率が採用される状況下では，事情が異なる。現行の消費税の納税方式では，複数税率化された場合，課税品目と軽減税率適用品目を帳簿上で分類する必要がある。このような分類作業は，事業者の納税事務を著しく困難なものにするであろう。むしろ，ヨーロッパの付加価値税におけるように，インボイス方式の方が複数税率化には対応しやすい。インボイス方式のもとでは，簡易課税制度は零細業者の納税事務負担を軽減する措置として限定的なものならば許容されるべきであろう。

[参考文献]
野口悠紀雄（1994）『税制改革のビジョン』日本経済新聞社.
橋本恭之（1994）「国民福祉税の是非と福祉目的税化」『税経通信』Vol 49, No. 7.
橋本恭之（1998）『税制改革の応用一般均衡分析』関西大学出版部.
橋本恭之・上村敏之（1997）「村山税制改革と消費税複数税率化の評価－一般均衡モデルによるシミュレーション分析」『日本経済研究』No.34, 35−60.
八田達夫（1994）『消費税はやはりいらない』東洋経済新報社.
本間正明・跡田直澄編（1989）『税制改革の実証分析』東洋経済新報社.
宮島洋編（1995）『消費税の理論と課題』税務経理協会.

〔注〕
1）八田（1994）21ページ引用。
2）野口（1994）99ページ引用。
3）計算方法の詳細は，橋本恭之（1998）を参照されたい。
4）八田（1994）65ページ引用。
5）食料品非課税と複数税率では，価格に与える影響は異なる。複数税率のもとでは，軽減税率ないしゼロ税率適用品目についても仕入に含まれる税額を控除できるのに対して，非課税措置の対象となる品目については仕入に含まれる税額を控除できない。
6）具体的には各所得分位ごとの税額に世帯数分布をかけたモデル上の税収が，税制改革前後で同一になるように複数税率化した場合の食料品以外の税率を収束計算で求めた。詳しくは本書の第8章を参照されたい。

第4章　法人税の改革

第1節　法人税の性格と現状

(1)　法人税の転嫁

　法人税の負担は，さまざまな形で転嫁される可能性がある。税法上は，法人税の負担は，企業の利益を減少させて，株主への配当の減少と留保利潤の減少を生むと想定されている。しかし，企業に課された法人税は，製品価格を引き上げることで消費者に転嫁される可能性もあるし，従業員に対して支払われる賃金の減少を招く可能性もある。仮に法人税が消費者に転嫁されるのであれば，法人税は間接税として消費者が負担していることになる。政府の税制調査会も過去に，法人税が消費者価格に転嫁される可能性を指摘していた。税制調査会は，1964年12月12日に提出された長期答申『今後におけるわが国の社会，経済の進展に即応する基本的な租税制度のあり方』をとりまとめるにあたって，当時専門委員であった木下，古田の2人の財政学者に法人税の転嫁についての研究を委託した。

　木下専門委員は，「関西地区に本社を有する法人約110社を対象に，①企業会計上と税務会計上の費用概念の相異について，②販売価格の決定について，③市場の競争状態と企業活動について，④法人課税と賃金，原材料価格について，⑤設備投資の決定について，⑥資金調達方法について，⑦減価償却期間についての7項目24の設問について，面接により回答を求める」というアンケート調査により法人税の転嫁の実態調査を試みている。その調査の結果として「この調査の集計結果から，法人税が転嫁する可能性があること，法人税の転嫁の可

能性及びその程度は市場の需給関係，競争状態，独占度などさまざまな要因によって異なってくること等が認められた」としている。

また，古田専門委員は，法人税の転嫁に関する先駆的な研究として有名なK－Mモデル（Krzyzaniak and Musgrave（1963））を用いて，1952年から1962年までの期間における法人税の転嫁度を推計したのである。この推計結果を示したものが表4－1である。

この表に示されているように，被説明変数には，企業の粗収益率（税込み利潤の資本ストックに対する比率），説明変数には，法人税変数（L_t），法人税以外の要因（GNPに対する消費比率C_t，売上高に対する在庫比率V_t，GNPに対する法人税以外の全税収マイナス政府移転支出の比率J_t）が採られている。この推計式は，基本的に，法人の収益に，法人税と法人税以外の要因がどの程度影響を与えているのかをみようとしている。つまり，法人税以外の要因による収益の変動を除去すれば，法人税がない場合と比べて法人税の課税によってどれだけ収益率が変動しているかがわかるというのである。古田専門委員は，表4－1における法人税変数の回帰係数は，転嫁尺度に一致するとしたうえで，「法人税の短期的転嫁は，全産業については256％を上限とし，223％を下限とする転嫁が行われ，製造業については263％を上限とし，235％を下限とする転嫁が行われた」と述べている[1]。

この古田専門委員の実証分析に対して，税制調査会は，「この計算結果では，わが国の法人企業の前記期間における法人税の転嫁度として，非常に高い計数が算出された。しかしながら，当該期間がわが国経済の激動期であったことから，粗利得の変動をもたらす法人課税以外の要因，たとえば政府の歳出効果，インフレーション等の諸要因の影響を十分排除し得ていないという問題もあり，算出された計数自体を基礎として判断するには，なおモデル自体について今後の検討を必要と考える」としている[2]。

最終的に，税制調査会の答申では木下専門委員の実態調査，古田の法人税転嫁に関する実証分析をふまえて，転嫁が行われている可能性は認められるものの，確定的な結論は得られなかったとした。この法人税転嫁の問題は，法人税

第4章　法人税の改革

表4-1　わが国の法人税転嫁に関する推定

最小二乗推定，標本期間＝昭和27年～37年，年単位
単位億円，回帰係数の下の括弧内は標本誤差

全産業（三菱資料）
(1)　$yg.t = 0.086951 - 0.155515 \Delta C_{t-1} - 0.231514 V_{t-1} - 0.442503 J_t + 2.562413 L_t$　　$R = 0.991936$
　　　　　(0.029023)(0.132612)　　(0.187064)　　　(0.473104)　　(0.169702)

製造業（三菱資料）
(2)　$yg.t = 0.209851 - 0.135827 \Delta C_{t-1} - 0.254526 V_{t-1} - 1.45612 J_t + 2.626809 L_t$　　$R = 0.993436$
　　　　　(0.060989)(0.394339)　　(0.250050)　　　(1.514690)　　(0.195354)

全産業（大蔵資料）
(3)　$yg.t = 0.206949 - 0.067583 \Delta C_{t-1} - 1.047376 V_{t-1} - 0.905226 J_t + 2.24874 L_t$　　$R = 0.967791$
　　　　　(0.043831)(0.368178)　　(0.677859)　　　(1.165169)　　(0.249889)

製造業（大蔵資料）
(4)　$yg.t = 0.356591 - 0.800681 \Delta C_{t-1} - 0.817655 V_{t-1} - 2.654454 J_t + 2.475518 L_t$　　$R = 0.952485$
　　　　　(0.061740)(0.661447)　　(0.732669)　　　(2.729343)　　(0.404958)

全産業（三菱資料）
(5)　$yg.t = 0.072730 - 0.257274 \Delta C_{t-1} - 0.338689 V_{t-1} - 2.484249 L_t$　　$R = 0.990909$
　　　　　(0.029023)(0.061880)　　(0.138572)　　　(0.141602)

製造業（三菱資料）
(6)　$yg.t = 0.147746 - 0.496978 \Delta C_{t-1} - 0.462053 V_{t-1} - 2.483593 L_t$　　$R = 0.992421$
　　　　　(0.060989)(0.119288)　　(0.125525)　　　(0.125693)

全産業（大蔵資料）
(7)　$yg.t = 0.156231 - 0.288329 \Delta C_{t-1} - 1.295378 V_{t-1} - 2.234262 L_t$　　$R = 0.964491$
　　　　　(0.043831)(0.227415)　　(0.580811)　　　(0.242034)

製造業（大蔵資料）
(8)　$yg.t = 0.222334 + 0.303970 \Delta C_{t-1} - 1.354603 V_{t-1} - 2.347514 L_t$　　$R = 0.944777$
　　　　　(0.061740)(0.418696)　　(0.479791)　　　(0.381490)

電力業
(9)　$yg.t = 0.026983 - 0.1280530 C_{t-1} - 0.022655 V_{t-1} - 0.218372 J_t + 2.045257 L_t$　　$R = 0.988732$
　　　　　(0.024491)(0.142636)　　(0.082707)　　　(0.524795)　　(0.203157)

電力業
(10)　$yg.t = 0.007594 - 0.076678 C_{t-1} - 0.035147 V_{t-1} - 2.098074 L_t$　　$R = 0.988405$
　　　　　(0.024491)(0.067076)　　(0.072372)　　　(0.148963)

資料：「国民所得白書」「本邦事業成績分析」（三菱資料と略称）
　　　「法人企業統計年報」（大蔵資料と略称）
　　　「九電力会社電気事業報告書」

注　：Rは決定係数を示す記号としてこの報告書では使用されている。

出所：古田精司（1964）「法人税転嫁と法人税制のあり方」税制調査会編『昭和39年8月税制調査会基礎問題小委員会』委員・専門委員報告書，299～300ページ引用。

のあり方を考えるうえできわめて重要な意味を持つにもかかわらず，現在に至るまで税制調査会において再び研究が試みられることはなかった[3]。

(2) 法人犠牲説と法人実在説

仮に，法人税の消費者価格への転嫁を無視する場合，法人税は最終的には誰が負担することになるのであろうか。法人税の負担は，株主の配当の減少，株主に分配されなかった留保利潤の減少がもたらす株主のキャピタル・ゲインの減少，経営者の報酬の減少，従業員の給与の減少などのいずれかの形で，最終的には個人に帰着することになる。

このうち，法人税の負担は，株主の配当の減少，キャピタル・ゲインの減少をもたらすという仮定に基づくのが，法人を個人株主の集合体であるとする法人擬制説の考え方である。わが国の法人税は，かつては法人擬制説の考え方に沿って構築されていた。法人擬制説のもとでは，法人税は個人所得税の前払いとしてとらえられるので，個人所得税と法人税の間で2重課税を調整しなければならない。

個人所得税と法人税の2重課税の調整方法としては，完全統合方式と部分統合方式がある。完全統合方式は，法人所得への課税は，留保所得への課税が株主のキャピタル・ゲインとの間で，配当所得への課税が株主の配当所得との間で，2重に課税されているとして，留保所得と配当所得のいずれについても個人所得税と法人所得税を完全に統合しようとするものである。部分統合方式は，配当所得のみを個人所得税と統合しようとするものである。

法人擬制説をとる限り完全統合方式が理想的なものとなる。しかし，実際に各国で採用されているのは，部分統合の方式である。部分統合方式には，受取配当税額控除方式と支払配当控除方式が考えられる。

受取配当税額控除方式としては，イギリス・ドイツ・フランスなどで採用されているインピューテーション方式が有名である。これは，仮に法人税がない場合の個人の課税ベースを配当以外の課税所得，課税後配当所得，法人税を加算することで算出し，その課税ベースに累進税率を適用することで所得税額を

計算し，法人段階で配当について前払いした税額を差し引くことで最終的な税額を決定するものである。この方式の利点は，株主の段階での所得水準の差による税率の違いを考慮したうえで配当所得に関する2重課税の調整が可能になることである。

支払配当控除方式とは，法人税の課税ベースから配当を控除するものである。法人段階での配当に課税せず，個人段階での配当に課税することで，少なくとも配当に関しては2重課税を排除できることになる。

わが国では，1990年4月1日以前は，配当部分の税率を留保部分の税率より低い税率で課税する配当軽課措置がとられていた。この措置は，配当への2重課税の軽減措置として採られていたものである。たとえば，1988年時点では，法人税率は留保分に対しては43.3%，配当分に対しては33.3%であった。しかし，1990年4月1日から，普通法人に対する法人税率は37.5%に一本化された。なお，2重課税の調整措置としては，個人段階での配当税額控除のみが認められている。すなわち，配当所得以外の所得とあわせた課税総所得金額が1,000万円に達するまでは配当所得の10%，1,000万円を超える部分については5%の配当税額控除が適用される。

一方，法人税の課税の根拠としていま1つの考え方として法人実在説が存在する。これは，法人を独立の法的人格を認められた実体としてとらえ，経営者によって運営される独立の意志決定単位であり，法人自体が担税力をもつという考え方である。法人実在説に基づけば，個人と同様に法人にも累進税率表を適用すべきだという主張が成立する。わが国税制においても，中小企業の法人税率には軽減税率が適用されている。2000年現在の法人税の基本税率は30%である。しかし，資本金1億円以下の企業は，年800万円以下の所得については22%の軽減税率が適用される。宗教法人を含む公益法人等の収益事業についても22%の軽減税率が適用される。また協同組合に対しては26%の特例税率が適用される。法人税を個人所得税の前払いとしてとらえるならば，法人の規模や形態によって税率に格差を設定する必要はない。この税率の格差は，法人実在説を採用するときのみに正当化される。

また、地方税としての法人の課税は、公共サービスへの対価として法人も税を負担すべきだという利益説で説明されることが多い。しかし、現行の地方税における事業税は、所得を課税ベースとしている。公共サービスへの対価として法人税をとらえるならば、赤字法人にも課税する必要がある。なぜならば、赤字法人であっても公共サービスの利益を享受していると考えられるからである。

(3) 法人税課税の現状

　以上のような課税の根拠と現実の税制を整合的に説明することが不可能な税に、わが国は税収のかなりの部分を依存している。図4－1は、近年における主要な税目の国税収入に占める比率の推移を描いたものである。この図によると法人税の比率は1988年時点では、法人税の税収比率は、所得税を上回り、35.3％にも達していた。その後、平成不況による企業収益の減少にともない、国税収入に占める法人税の比率は低下していく。1994年以降には再び法人税の税収比率は上昇傾向にある。これは、1994年から所得税減税が実施されたことにより、相対的に法人税が国税収入に占める比率が高まったことと、企業収益が幾分持ち直してきたことで説明できる。1996年時点での法人税の税収比率25.5％は、かつてと比べると低いといえるものの、消費税の税収比率11％の2倍以上の水準にある。

　近年では低下してきたとはいえ、国際的にみるとわが国の法人税の依存度は際だって高い。たとえば、アメリカでは、法人所得税の国税収入に占める比率は18.7％（1995年10月／1996年9月会計年度決算額）、イギリスの法人税の税収に占める比率は13.1％（1996年度暫定額）、フランスの法人税のそれは、10.8％（1996年度決算額）、ドイツの法人税にいたっては、国税収入に占める比率は、4.2％（1996年度決算額）にすぎない。

　しかし、現実の問題として、税収の多くを法人税に依存している以上、課税の根拠が明確でなく、最終的に誰の負担となるかが不明確であっても、即座に法人税の廃止をするわけにもいかない。しかし、本来税負担は、最終的には社

第4章　法人税の改革

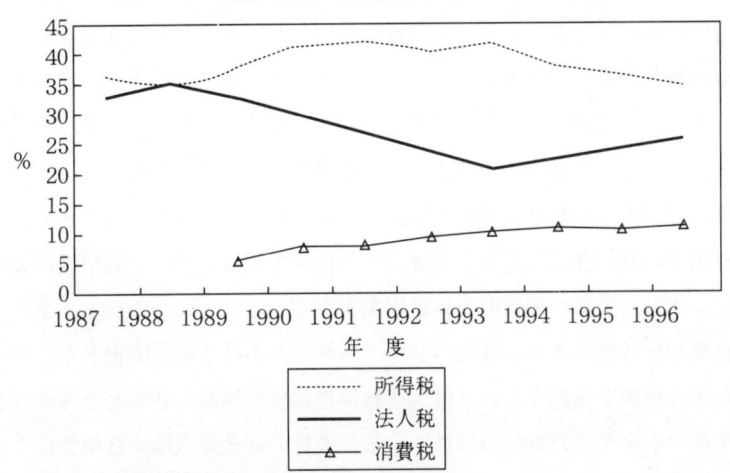

図4-1　主要な税目の国税収入に占める比率の推移

　　　……… 所得税
　　　――― 法人税
　　　―△― 消費税

備考：消費税の税収には特別会計分を含まない。
出所：『財政金融統計月報（租税特集）』各年版より作成。

会を構成する個人が負担すべきものである。また，近年では世界的にみて法人税の税率は，引き下げられる傾向にある。個人と違い，企業は，比較的容易に国境を越えていく。したがって，現行の法人税の最大の課題は，諸外国と比べてわが国の法人税の負担水準が適正なものといえるかにあるといえよう。

第2節　法人税改革の視点

　諸外国の近年の法人税の改革は，基本的には企業活動を抑制する法人税を減税する方向にある。わが国においても，法人税の税率はできるだけ下げて，法人税制が企業活動に対して中立的な形になるように改革しなければならない。そのためには，税率の引下げだけでなく，課税ベースの見直しが不可欠である。
　たとえば，退職給与引当金や賞与引当金の存在は，日本企業の給与体系に明らかに多大な影響を与えてきた。法人税制以外の側面でも，わが国では賞与や退職金は明らかに優遇されてきた。たとえば，社会保険料は最近まで賞与からは天引きされていなかった。しかし，退職金のように給与を後払いする制度は，

最近になって見直されつつある。これは，わが国経済の成長の鈍化も関係している。高度成長期においては，企業は給与の支払いを先送りにすることで，低コストの賃金のもとでの生産を可能にしてきたのである。しかし，成長率の鈍化とともに，この給与の後払い制度は，確実に企業の足かせとなりつつある。退職金に加えて，企業年金の負担もいま問題となってきている。

　退職給与引当金や賞与引当金を廃止し，法人税率を引き下げることは，それらの利用率の高い既存の産業の実質的な負担率を引き上げ，年齢構成の若い新たなベンチャー企業の実質的な税負担を引き下げることにつながる。また，既存の企業が分社化により，社内ベンチャーを立ち上げる際に障害となっている現在の法人税制を見直すためには，連結納税制度の検討も必要となろう。さらに，現在中小企業にのみ認められている交際費の損金算入は，社用族による飲み食いを助長し，資源配分を著しくゆがめている。大企業における福利厚生施設の存在は，大企業のサラリーマンにフリンジ・ベネフィット（現物給付）を発生させている。以下では，引当金・準備金の見直し，フリンジ・ベネフィット課税，個人所得税と法人税の統合，連結納税制度の個別の項目ごとに法人税制の経済への中立性の回復という視点から改革の方向を探ることにしよう。

(1)　引当金・準備金の見直し

　税法的な立場で考えると法人の所得の算定に際しては，退職給与や賞与は，実際に支出された段階で初めて損金算入されるべきである。一方，会計的な立場からは，将来確実に発生するであろう費用を今期の費用として計上することは，所得の算定上不可欠であるとされる。この引当金・準備金制度について，諸外国でどのように取り扱われているかを示したものが表4－2である。

　表によると，アメリカ，イギリスでは引当金を認めず，ドイツ，フランスではある程度の引当金が認められていることがわかる。果たしてわが国の法人税制はどちらの方向へ改革すべきなのであろうか。

　引当金・準備金については，税収中立の確保のために廃止，縮減すべきであるという意見が多い。しかし，引当金・準備金による増収効果は一時的なもの

第4章　法人税の改革

表4－2　主要国の税制上の引当金の概要

	日本 平成6年度末残高	アメリカ	イギリス	ドイツ	フランス
		負債性引当金は原則として認められない。	負債性引当金は原則として認められない。	負債性引当金に関し，税法上は一般的な規定がなく，企業会計に従い個別に認められる。	負債性引当金は，引当金に関する一般的な規定に基づき一定の要件を充足すれば認められる。
貸倒引当金 *1	46,726億円	×	×	○	○
返品調整引当金	N.A.	×	×	×	×
賞与引当金	87,768億円	×	×	○	○
退職給与引当金 *2	139,335億円	×	×	○	×
特別修繕引当金	N.A.	×	×	×	×
製品保証等引当金	2,511億円	×	×	○	○

*1：① 個別の債権について，具体的な判断をすることなく，法定率又は実績率で繰入を認めるものについて記載。
　　② アメリカでは，総資産平均残高5億ドル以下の金融機関についてのみ認められている。
*2：① 退職一時金に関し，内部留保となるものを記載。
　　② ドイツでは，一定の要件を充たした場合に税法上，退職年金引当金が認められる。
出所：政府税制調査会「これからの税制を考える－経済社会の構造変化に臨んで－」平成9年1月，付属資料26ページ引用。

である。なぜならば，貸倒引当金を例にとると，貸倒引当金が全廃されると現在時点で将来の貸倒に備えていた積立額が益金となり増収となるが，将来実際に貸倒が発生した段階では損金算入されることになるからである。引当金・準備金は，納税の延期により金利分のみの節税効果をもたらしているにすぎないのである。それでは，税収の確保以外に引当金・準備金を見直す理由はあるのだろうか。

税制調査会の議論では，賞与引当金については廃止の方向が打ち出されていた。ただし，「事業年度末までに支給する賞与の額が受給者に通知され，その後すみやかに支払われるものであること等の要件に該当するものについては，未払い費用として損金の額に算入できる」とされた。すなわち，賞与引当金を

廃止しても未払い費用として計上できるのであるから，廃止による増収効果は一時的にすらほとんどないことになる。したがって，あえて賞与引当金を廃止する必要はないだろう。さらに，貸倒引当金については金融不安の現状を考慮して，金融機関の貸倒引当金は存続すべきである。退職給与引当金については，退職時まで未払いの給与をプールするものであることから，個人所得税の前払いとして法人税をとらえるならば支給された段階で個人に課税すればよいことになる。しかし，退職金は，年功序列と終身雇用制度を前提としたわが国で普及してきた制度であり，退職給与引当金はその制度を後押ししてきたわけである。だが，金融ビックバンに象徴されるように外資系企業との本格的競争時代を迎えるにあたって，退職金のような一度に多額の費用を発生させる賃金慣行はわが国の企業の足かせとなる恐れがある。最近ではわが国の企業の一部には，在職期間の給与を引き上げる代わりに，退職金を廃止する動きもある。退職金制度自体が存在しなくなれば，退職給与引当金も必要なくなる。退職給与引当金については，一時的には確実に増収効果もあることから，廃止の方向で検討すべきだろう。

(2) フリンジ・ベネフィット課税

すでに指摘してきたように，法人税は性格が非常にあいまいな税である。租税理論的に考えて，法人税は廃止すべきであるという結論が導かれる場合すらある[4]。だからといって，税収のかなりの部分を依存している法人税をいますぐ廃止するわけにはいかない。また，日本企業の行動を考えると，法人税の廃止は明らかに税制上の不公平を拡大する。わが国の企業は，欧米と異なり，株主による支配力が弱いという特徴を持っている。最近では日本の大企業の行動原理を「従業員管理型」としてとらえる学説が広まってきている[5]。「従業員管理型」企業では，利潤の最大化ではなく，経営者，従業員の所得を最大化するように行動するものと想定される。法人税が廃止されたならば，企業は現行の個人所得税のもとではほとんど課税対象とはならず，企業段階での福利厚生費や交際費をこれまで以上に拡大するおそれがある[6]。福利厚生費や交際費は，

第4章　法人税の改革

本来，個人が支出すべき費用をフリンジ・ベネフィット（現物給付）の形で企業が提供しているものと解釈できる。これは，福利厚生施設などが充実した大企業のサラリーマンとそれらがほとんどない中小企業のサラリーマンとの間での不公平を助長することになる。企業による福利厚生費の代表的な例としては，従業員の住居に対する家賃補助や市場価格と比べるときわめて安い社宅の提供が挙げられる。その他，大企業であれば保養地における格安の別荘などの利用も可能である。これらの現物給付は，現行税法のもとで家賃など一部が課税対象となることを除けば，ほとんど課税されていない。

表4－3をみると，企業規模によってどのくらい福利厚生費に格差を生じているかがわかる。たとえば，法定外福利費全体では，5,000人以上の大企業では，1ヶ月当たりの福利費は2万3,601円にも達するのに対して，30から99人の企業のそれは6,907円にすぎない。3倍以上の格差が生じているのである。福利費の代表的な項目である社宅の提供などを含む住宅に関する費用では，大企業のそれが11,708円であるのに対して，1,342円と10倍近い格差がみられる。

このようなフリンジ・ベネフィットをすべて個人段階でとらえることは難しいことから，法人段階で個人所得課税の前払いとして課税する方が徴税コストの面でも有利であろう。税制調査会でも「福利厚生費の支出について，従業員1人当たり年50万円を超える部分の金額は損金算入の額に算入しない」として

表4－3　内訳別法定外福利費（常用労働者1人1ヶ月平均）　　（単位：円）

企業規模	法定外福利費計	住居に関する費用	医療・保健に関する費用	食事に関する費用	文化・体育・娯楽に関する費用	私的保険制度への拠出金	労災付加給付の費用	慶弔見舞等の費用	財形奨励金等の費用	その他の法定外福利費
平成7年実額計	13,682	6,330	760	1,456	1,179	1,144	227	466	537	1,538
5,000人以上	23,601	11,708	1,875	2,315	1,910	765	95	629	1,408	2,897
1,000～4,999人	17,439	9,442	819	1,644	1,236	1,181	102	644	570	1,801
300～　999人	11,317	5,864	396	1,182	888	1,051	233	367	346	989
100～　299人	8,069	2,724	381	1,026	802	1,177	318	321	197	1,123
30～　　99人	6,907	1,342	228	1,023	977	1,551	403	334	91	959

備考：資料は，労働省「賃金労働時間制度総合調査」（平成7年）による。
出所：政府税制調査会提出資料。

いる。

　フリンジ・ベネフィット課税の実例としては，オーストラリア，ニュージーランドでのフリンジ・ベネフィット課税が有名である。そこでは，基本的には雇用主に課税され，被用者は非課税とされる。なお，フリンジ・ベネフィットおよびその税額は法人税から損金算入されることになっている。つまりオーストラリア，ニュージーランドでは法人税と併存される形でフリンジ・ベネフィット課税を実施していることになる。税率については，オーストラリア94.17%ニュージーランド49%ときわめて高くなっている。この税率の高さは，フリンジ・ベネフィットの多くが，高所得層に発生するためだと説明されている。フリンジ・ベネフィット課税の主な課税対象をまとめたものが表4－4である。オーストラリアとニュージーランドを比較すると，社宅についてオーストラリアが法人段階で課税し，ニュージーランドが個人段階で課税してることを除けばほぼ同様の取扱いをしている。このフリンジ・ベネフィット課税をわが国で導入するかどうかは，現行の法人税を廃止するかどうかに依存するだろう。オーストラリア，ニュージーランドのように法人税との併存は，法人税に対する依存度をさらに高めることになる。そして何よりもフリンジ・ベネフィット

表4－4　フリンジ・ベネフィット税の主な課税対象

	社宅	住宅貸付	社内食堂	従業員割引	福利厚生施設	社用車
オーストラリア	課税（非営利団体等の被用者で老人や障害者の看護を住み込みで行う場合は非課税）	課税	課税	課税（購入価額が最低市場価格の75%以上の場合は非課税）	課税	課税（業務遂行に用いた割合に相当する部分は非課税）
ニュージーランド	非課税（個人段階で課税）	課税	非課税（個人段階で課税）	課税	課税	課税（業務遂行に用いた割合に相当する部分は非課税）

出所：政府税制調査会提出資料。

課税が実現した場合には，法人税の課税の根拠がさらに希薄なものとなるからである。法人税を廃止できるかどうかは，フリンジ・ベネフィット課税だけでなく，キャピタル・ゲイン課税，配当課税の適正な実施も前提であることを忘れてはいけない。現行税制のもとでは，特にキャピタル・ゲインについては十分な課税が実施されていないからである。これらの税務執行体制を整備したうえで，法人税廃止の代替としてフリンジ・ベネフィット課税を導入することが，税負担の公平性の確保につながる。さらに，フリンジ・ベネフィット課税は，いわゆる赤字法人課税の問題もクリアーすることになる。赤字法人であっても，フリンジ・ベネフィットへの支出は当然課税対象になるからである。さらにその意味では，公益法人を利用した租税回避を防ぐ手段ともなりうる。現行税制のもとでは，公益法人は原則として収益事業を行った場合にしか課税されない。しかし，公益法人であっても，本来の公益活動から逸脱し，フリンジ・ベネフィットの形でその構成員へ利益を配分するならば当然課税対象になると考えられるからである。いま，日本企業の行動様式については，従業員管理型から株主重視の経営方式への転換が求められている。そのためにもフリンジ・ベネフィット課税は有力な選択肢となろう。

また，現在中小企業にのみ認められている交際費の損金算入については，フリンジ・ベネフィットの一形態との解釈も可能であることから，当然，廃止・縮小を検討すべきである。税制調査会では，「中小企業の交際費の支出について，その損金不算入割合を10％から30％に引き上げる」という議論がなされている。主要国の交際費の税務上の取り扱いをみても，交際費の損金算入は制限されている。たとえば，イギリスでは交際費は損金算入されないし，アメリカでは事業と直接関連する場合にのみ，その50％を限度として損金算入が認められ，クラブの入会金・会費，接待，レクリエーション施設などに係る費用は損金算入されない。

(3) 法人税と個人所得税の統合

法人税制の再構築のためには，法人税と個人所得税の統合も欠かせない問題

の1つである。すでに指摘したように，わが国では1989年の竹下税制改革によって，法人税と個人所得税の統合は，ほとんど断念したものと解釈できる。最近における法人税改革の議論においては，法人税と個人所得税の2重課税の調整についてはなぜかあまり取り扱われることが少なくなってきた。最近の税制改革のなかで評価の高いアメリカのレーガン税制改革ですら，この2重課税の調整の問題についても詳細な検討が加えられたにもかかわらず実際には，その採用は断念された。

表4－5は，主要国の法人税と個人所得税の負担調整の仕組みをまとめたものである。この表をみると，2重課税の完全な調整を目指しているのはドイツ，フランスだけであり，日本は個人段階での配当税額控除による部分的な調整，イギリスではインピューテーション方式を利用した部分的な調整，アメリカにいたっては法人税と個人所得税の調整が実施されていないことがわかる。

このように諸外国においても，現実には2重課税の調整があまり行われていない理由は，その採用が税収のロスを招くことや，税制を複雑化することが挙げられよう。確かにドイツやフランスで実施されているインピューテーション方式は，法人段階での配当所得を個人株主に帰属させて個人段階で課税するために，個人段階では，配当以外の課税所得，課税後配当所得，配当部分の法人税を合計して個人の課税ベースを算出し，累進税率表を適用し，そこから配当に対応する法人税額を税額控除するという複雑な計算方式を要求する。

2重課税を調整するための最も簡単な解決方法は，法人税を廃止することである。あるいは，留保部分だけに課税し，配当については法人段階では非課税とする方法もある。だが，配当に対する非課税措置は，現行の課税ベースを拡大し，税率を引き下げるという方向での改革に逆行することになる。したがって，短期的には課税ベース拡大，税率の引下げを通じて法人税への依存度を徐々に低下させ，個人段階で法人からの利益の配分を確実に把握する体制が整った段階で，法人税を廃止し，フリンジ・ベネフィット課税に代替するというのが現実的なシナリオといえるだろう。

第4章 法人税の改革

表4−5 主要国の負担調整に関する仕組み

項目＼国	日本	アメリカ	イギリス	ドイツ	フランス
法人間配当	①原則：80%益金不算入 ②株式保有割合25%以上の特定株式等に係る配当は全額益金不算入	[持株比][益金不算入率] 20%未満…70% 20%以上 80%未満…80% 80%以上…100%	全額損金不算入	インピューテーション方式 （受取配当額とその½を課税所得に算入し，受取配当額の½を算出税額から控除する。）	①原則：インピューテーション方式 （受取配当額とその½を課税所得に算入し，受取配当額の½を算出税額から控除する。） ②子会社から受け取る配当については益金不算入
法人税と所得税の調整方式	部分調整方式 （配当税額控除方式により，所得税と法人税の調整を部分的に行う。）	非調整方式 （所得税から，配当に係る法人税は全く控除せず。）	部分調整方式 （インピューテーション方式により，所得税と法人税の調整を部分的に行う。）	完全調整方式 （インピューテーション方式により，所得税と法人税の調整をすべて控除。）	完全調整方式 （インピューテーション方式により，所得税と法人税の調整をすべて控除。）

注：1　ドイツでは，法人段階の調整措置として，法人税率が留保分45%に対し，配当分30%となっている。
　　2　フランスでは，個人株主段階で，受取配当については，公社債利子を併せて独身者で年8,000フラン，夫婦者で年16,000フランを限度として所得控除が認められる。

出所：政府税制調査会提出資料。

(4) 連結納税制度

　法人税の廃止が短期的には困難であることから，少なくとも法人税は経済活動に対してできるだけ中立的な形で実施されなければならない。経済活動に対する中立性の観点からいま注目されているのが連結納税制度である。1996年11月の法人課税小委員会報告においても「我が国企業は新たな事業を早急に構築するべく複合経営を推進しており，事業効率の向上のため分社化が必然的な企業行動になっていること，資金調達のグローバル化にともない連結決算ベース

の企業業績に関心が高まっていることなどから、連結納税制度の導入を検討すべきであるとの意見があった」とされている。そこでは、海外での実施例としてアメリカにおける連結納税制度が紹介されている。すなわち、「親会社が子会社株式の80％以上を保有する場合等一定の要件を満たす企業群について、各法人の損益を通算することに加え、各法人間の取引から生じるいわゆる内部利益を消去することにより、その企業群の連結課税所得を計算し課税が行われている。納税申告・納付は親会社が行うこととされる。同制度は、1917年に、超過利潤税の累進課税回避のための企業分割に対処し、企業群を一体として課税するため、強制的に適用される制度として導入されたものである。それが、その後種々の改正を経て法人課税において定着していったという歴史的な沿革を持っている」と述べている。

しかし、連結納税制度の導入について法人税小委員会は、以下のような導入の前提条件が満たされていないと指摘している。

イ．関連する諸制度をみると、我が国の商法には連結決算はなく、株主・債権者等の利害調整や情報提供は個々の法人格をもとに行われている。証券取引法上、上場会社等についての連結財務諸表制度は、その充実の過程にある。アメリカにおいては、連結財務諸表のみの開示が一般的である。

ロ．配当の決定や株価形成が企業群全体の利益をもとに行われているという状況には至っておらず、一方、関連子会社への資産処分により親会社が決算対策を行うといったことも指摘されている。このように、企業経営は、一部の上場会社等を例外とすれば、単独決算重視で行われているのが現状であり、株主利益を重視した企業群一体としてのものになっているとの認識は定着していない。

このような議論をふまえて、法人税小委員会は、「連結納税制度については、その企業経営上の有用性を指摘する意見が出されたが、現行税制にこれを採り入れるには解決すべき問題点が多々存在するほか、前提条件となるべき考え方・実態の定着が未だみられていないので、現段階では、その導入の是非について具体的に検討する状況に至っていないと考える。」とし、最終的にはその

第4章 法人税の改革

導入を見送っている。

連結納税制度については，アメリカと日本では背景が異なることも事実である。アメリカでは，法人税小委員会が指摘しているように累進課税回避のための企業分割を阻止するために徴税当局が導入を図ったものであるのに対して，日本では分社化などによる税負担増加を防ぐために企業側がその導入を主張しているのである。この主張に対して，連結納税制度は赤字法人との連結により税負担の軽減をめざしているのではないかという批判もある。しかし，このような批判は，法人税の本質を把握していないところから生じるものである。法人税は，たとえ法人自体に担税力を求めて課税されたとしても，最終的には何らかの形で個人に帰着するのは，紛れもない事実である。仮に赤字法人と統合して，その結果，株主，従業員，経営者への利益の配分が減少したならば税負担は軽減されて当然である。もちろん，現行の法人税のもとで，バブル崩壊以前の好景気の間でさえ，全法人のほぼ半数は赤字法人であったことを考えると，現在の状況のなかで連結納税制度を導入することは企業を通じた新たな節税策を提供することにつながりかねない。それを避けるためにも，法人税におけるフリンジ・ベネフィット課税の導入，退職給与引当金の廃止，さらに個人段階での法人からの利益配分に対する課税の強化が必要となろう。

[参考文献]

大蔵省財政史室編（1990）『昭和財政史昭和27～48年度第6巻租税』東洋経済．

木下和夫（1992）『税制調査会－戦後税制の軌跡』税務経理協会．

税制調査会編（1987）『税制の抜本的見直しについての答申・報告・審議資料総覧』大蔵省印刷局．

税制調査会編（1964）『「今後におけるわが国の社会，経済の進展に即応する基本的な租税制度のあり方」についての答申及びその審議の内容と経過の説明』大蔵省印刷局．

税制調査会編（1964）『税制調査会基礎問題小委員会』委員・専門委員報告書．

中井英雄（1988）『現代財政負担の数量分析』有斐閣．

橋本恭之（1997）「引当金・準備金の見直しと法人税改革の課題」『税経通信』Vol.52, No.15.

橋本恭之（1998）「今後の税制改革について－法人課税を中心に」『財経詳報』第2149号．

本間正明・齊藤愼（1997）『どうする法人税改革』財団法人納税協会連合会.
宮島洋（1986）『租税論の展開と日本の税制』日本評論社.
宮島洋（1992）『高齢化時代の社会経済学』岩波書店.
古田精司（1964）「法人税転嫁と法人税制のあり方」税制調査会編『昭和39年8月税制調査会基礎問題小委員会』委員・専門委員報告書.
古田精司（1993）『法人税制の政治経済学』有斐閣.
Krzyaniak, M. and Musgrave, R. A. (1963), *The Shifting of the corporation income tax : An Empirical Study of its short-run Effect upon the Rate of Return,* The Johns Hopkins Press.

〔注〕
1) 古田（1964）306ページ引用。
2) 税制調査会編（1964）109ページ引用。
3) その後の研究者による法人税の転嫁についての実証分析としては，中井（1988）が存在する。
4) 包括的所得税の立場に立てば，法人税は個人所得税の源泉徴収として位置づけられるので，仮に個人段階で配当やキャピタル・ゲインに課税すれば法人税は不要になる。また支出税のもとでも，個人段階で課税すれば法人税は不要になる。包括的所得税，支出税体系のもとでの，法人税のあり方については，宮島（1986）を参照されたい。
5) 詳しくは宮島（1992）を参照されたい。
6) 税法上は，「物又は権利その他の経済的利益」も原則として給与所得となる。しかし，課税されるケースは少ない。詳しくは，宮島（1992）を参照されたい。

第5章　相続税の改革

　バブル崩壊後の不況のなかで，景気対策としての減税政策が行われてきた。しかし，その一方で高齢化の進展とともに，財政需要が増大することは避けられない。行財政改革を断行する必要があることはいうまでもないとしても，わが国の税収はすでにバブル前の水準まで低下していることを考えると，歳出削減だけでは財政収支が均衡しないことは明らかである。近い将来に何らかの増税が避けられないとしたとき，果たしてどこに求めるべきなのであろうか。高齢化社会の財源としては，消費税率の引上げを主張する意見がみられる。しかし，消費税率の引上げは，短期的な観点からは消費を抑制し，景気をますます後退させるものとして反対も多い。長期的にも，あまりにも高すぎる消費税率は，負担の逆進性ゆえに，課税後の所得分配状況を悪化させることになる。一方，所得税の増税も勤労意欲を阻害し，日本経済の活力を奪うものという批判がある。高齢化社会は，ストック化社会でもある。わが国では，フローの所得格差は小さいといわれている。しかし，資産については，職業・年齢によってかなりの格差がみられる。

　図5－1は，1997年における職業別の貯蓄残高を描いたものである。この図によると，貯蓄残高がもっとも少ないのは勤労者世帯であり，個人経営者，法人経営者世帯の貯蓄残高が他の世帯を超越していることがわかる。法人経営者の貯蓄残高は，約3,300万円にも達しており，勤労者世帯の残高約1,200万円のほぼ3倍になっている。なお，この図において無職世帯の貯蓄残高は約2,200万円であり，勤労者世帯の2倍近い残高を保有していることがわかる。この無職世帯の世帯主の平均年齢は，69.2歳であり，引退した老人世帯が多く含まれていることがわかる。つまり，現役のサラリーマン世帯よりも引退後の老人世

図5－1　世帯主職業別貯蓄残高

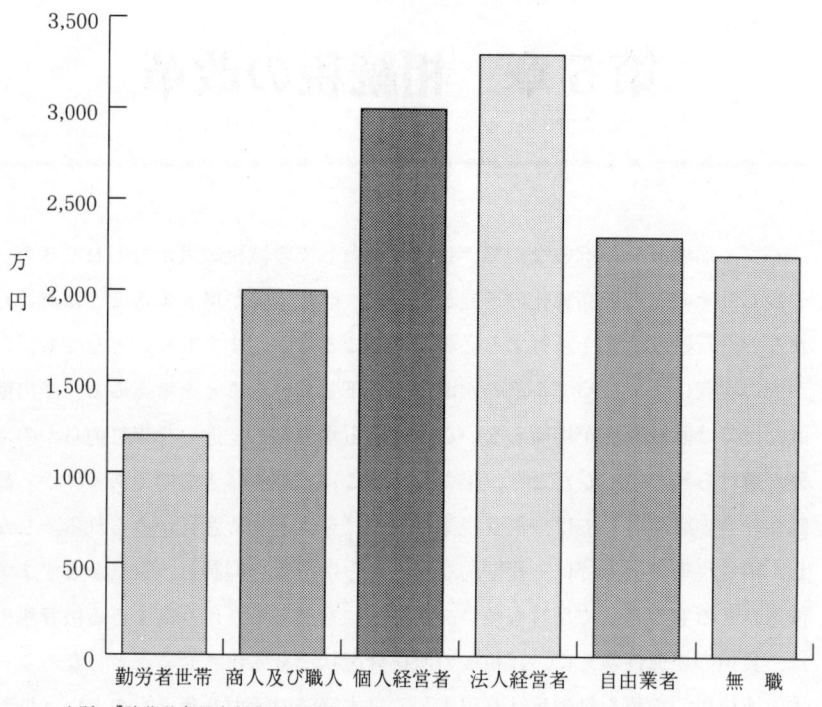

（縦軸：万円）

勤労者世帯 / 商人及び職人 / 個人経営者 / 法人経営者 / 自由業者 / 無職

出所：『貯蓄動向調査報告（平成9年）』総務庁より作成。

帯の方が資産を多く保有していることがわかる。

　この老人世帯の資産保有状況をさらに詳しく調べてみよう。図5－2は，1989年の『全国消費実態調査』の高齢者夫婦世帯における有業者有り・無し世帯の年間収入階級別の貯蓄残高を描いたものである。貯蓄残高の内訳は，通貨性預貯金，定期性預貯金，生命保険，有価証券である。有業者有りの世帯は高齢者夫婦世帯の44.6％，有業者無しの世帯は高齢者夫婦世帯の55.4％を占めている。意外と高齢者世帯の多くが働いていることがわかる。

　図5－2によると有業者有り世帯の貯蓄残高は，年間収入1,000万円程度までは約1,000万円から4,000万円程度までの間にあり，ほぼ収入の増加に従って増加していく傾向がみられる。年間収入が約1,100万円を超える世帯では，貯蓄

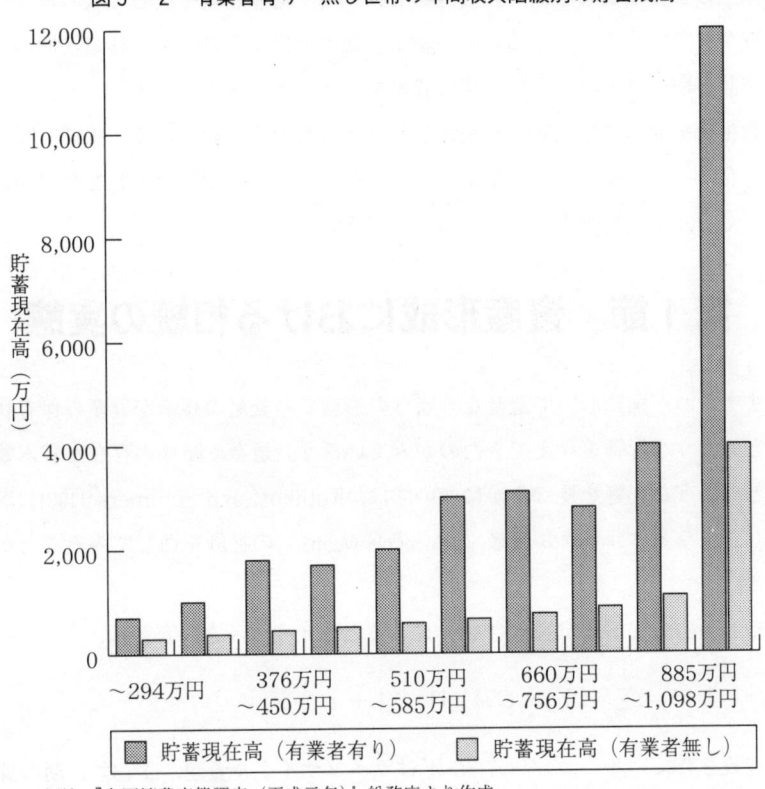

図5-2 有業者有り・無し世帯の年間収入階級別の貯蓄残高

出所:『全国消費実態調査（平成元年）』総務庁より作成。

残高は約1億2,000万円にも達する。高齢者夫婦世帯の一部に現役で高収入でかつ高資産の世帯が含まれていることがわかる。また，高齢者世帯内の格差は，10倍を超えていることも指摘できる。有業者無しの世帯については，第8分位の貯蓄残高が年間収入約6,000万円に達することを除けば，それほど大きな格差はみられない。有業者有りの世帯に比べると第5分位までは有業者無しの世帯の貯蓄残高の方が高くなっている。これは，第5分位までの高齢者の有業世帯は，貯蓄残高の不足を補うために働いているものと推測できる。一方，第6分位以上の高収入の有業者世帯は，個人経営者や法人経営者など裕福な高齢者世帯が含まれているものと考えられよう。

以上のような高齢者間での資産保有格差は，遺産相続を通じて次の世代に引き継がれていくことになる。その結果，親の世代からの資産の移転が期待できる家計と期待できない家計の間の資産格差は，ますます増大することになる。遺産相続を通じて生じる資産格差を是正する有力な手段として，相続・贈与税が存在する。そこで，この章では，資産形成における相続の実態を明らかにしたうえで，相続税改正のあり方について検討しよう。

第1節　資産形成における相続の実態

　まず，わが国において遺産なり贈与の形態での資産の移転が資産の保有状況にどのような影響を与えてきたのかみていこう。遺産や贈与の存在が資本蓄積にどのような影響を及ぼすかについては，Kotlikoff and Summers (1981) が提唱した，ライフサイクル資産 (Life-cycle wealth) の推計を通じてみることができる。

　Kotlikoff and Summers (1981) によるとライフサイクル資産は，

$$LW = \sum_{t=F}^{L} (Y_t - C_t) \prod_{t=F}^{L} (1 + r_t)$$

と定義されている。ただし，LW はライフサイクル資産，Y_t は t 期の課税後所得，C_t は t 期の消費，r_t は t 期の資産の収益率，F は労働市場への加入年齢，L は死亡年齢である。

　すなわち，ライフサイクル資産とは，ライフサイクルを通じて自ら蓄積した資産を意味している。したがって，現実の資産保有残高からこのライフサイクル資産を差し引くことで，贈与ないし遺産の形で移転された資産を推計することができる。

　表5-1は，1931年生まれから1938年生まれまでの世代について50歳時点において，贈与ないし遺産の形で移転された資産が総資産のうちどのくらいを占めているかを示す，移転資産比率を比較したものである。なおこの表においてケース1はライフサイクル資産の推計に必要な資産収益率に，ＳＮＡデータか

第5章　相続税の改革

表5－1　50歳時点の移転資産比率

生年	持家率(%)	ライフサイクル資産（万円）		金融資産(万円)	実物資産(万円)	移転資産(万円)		移転比率(%)	
		ケース1	ケース2			ケース1	ケース2	ケース1	ケース2
1931年	77.2	1,599	1,130	663	1,272	336	805	17.4	41.6
1932年	76.3	1,714	1,284	679	1,713	679	1,144	28.4	47.8
1933年	76.4	1,834	1,376	710	1,822	699	1,157	27.6	45.7
1934年	78.1	1,995	1,506	827	2,835	1,667	2,156	45.5	58.9
1935年	81.5	2,403	1,663	828	3,491	1,916	2,657	44.4	61.5
1936年	80.2	2,811	1,690	826	3,691	1,706	2,826	37.8	62.6
1937年	79.2	3,077	1,955	914	3,989	1,826	2,948	37.2	60.1
1938年	77.5	3,179	2,123	1,067	4,095	1,983	3,040	38.4	58.9

出所：『家計調査年報』各年版より作成。

ら求めたデータを適用したものであり，ケース2は定期預金金利を適用したものである[1]。この表によるとライフサイクル資産の金額は，ケース1，2ともに若い世代ほど大きくなっている。これは，若い世代ほど物価上昇と経済成長の影響を受けるためであることを反映している。金融資産，実物資産の金額についても同じことがいえる。そこで，物価による影響を排除できる移転比率の比較のみを行おう。

まず，ケース1について移転比率の最も低いのは，1931年生まれの17.4%であり，最も高いのは1934年生まれの45.45%である。ケース2については，1931年生まれの41.6%が最も低く，1936年生まれの62.6%が最も高い。ケース1とケース2の移転比率の世代間での順位の多少の違いが生じているのは，ケース1で用いた収益率が株式，土地の変動の激しい資産の収益率を含むのに対して，ケース2で用いた収益率は，定期預金金利という安定的な収益率となっているためである。表5－1での世代間の比較では，若い世代の方が比較的移転比率が高くなる傾向が，特にケース2においてみられる。このような結果は，バブル期における資産価格の上昇をある程度反映したものだと考えられる。以上の分析から，わが国では，資産形成における相続・贈与の占める比率がかなりの部分を占めており，しかもその割合は若い世代になるに従って高まっていることがわかった。

第2節　相続税負担の数量分析

(1) 相続税改正の推移

　前節でみたように，わが国においても資産形成のかなりの部分が相続・贈与によって行われている状況を考えれば，資産再分配の手段としての相続税・贈与税の重要性が高いことになる。しかし，近年の相続税の改正は，相続税を減税する方向で進められてきた。

　表5-2は，最近の相続税の主な改正をまとめたものである。表では，この最近10年ほどの間に，相続税については課税最低限の大幅な引上げと税率区分の引上げによる相続税の減税が頻繁に繰り返されてきたことがわかる。最高税率の70％が適用される課税価格は現在では，20億円まで引き上げられたため，この最高税率が適用されるケースはまずない。1999年現在の相続税の課税最低限は，夫婦子供2人の4人世帯において夫が死亡した場合，基礎控除5,000万円に，法定相続人1人当たり1,000万円×3で3,000万円を合計すると8,000万円にも達する。しかもわが国では，居住用財産については特例措置が適用されるため，実質的な課税最低限はさらに上になる。その200平方メートル以下の小規模宅地の課税の特例も抜本的税制改革前には，評価の減額割合が居住用で30％だったものが，1999年現在は，80％にまで引き上げられている。この特例措置は，明らかに金融資産と実物資産の間の税負担の不均衡をもたらし，税負担の不公平，資源配分のゆがみをもたらすものとなっている。

　以上のような相続税の減税は，バブル期の地価高騰による相続税負担の急増に対処するために，行われてきたものである。しかし，このバブル期における相続税の減税は本当に必要な措置であったのだろうか。

　1992年度の税制改正が行われた時期は，バブル経済の崩壊につれて低下傾向にあるとはいえ，依然として高水準にある首都圏の地価が相続税負担を大幅に増大させる可能性が懸念されていた。たとえば，1991年版『土地白書』によると東京の住宅地の1㎡当たりの平均価格は，85.86万円であり，対前年変動率

第5章 相続税の改革

表5－2 相続税の主な改正

区分	抜本改正前	抜本改正 （昭和63年12月） (昭和63年1月1日以降適用)	平成4年度改正 (平成4年1月1日以降適用)	平成6年度改正 (平成6年1月1日以降適用)
遺産に係る基礎控除				
定額控除	2,000万円	4,000万円	4,800万円	5,000万円
法定相続人数比例控除	400万円×法定相続人の数	800万円×法定相続人の数	950万円×法定相続人の数	1,000万円×法定相続人の数
税率	10%　 200万円以下 15〃　 500万円　〃 20〃　 900万円　〃 25〃　1,500万円　〃 30〃　2,300万円　〃 35〃　3,300万円　〃 40〃　4,800万円　〃 45〃　7,000万円　〃 50〃　 1億円　〃 55〃　1億4,000万円〃 60〃　1億8,000万円〃 65〃　2億5,000万円〃 70〃　 5億円　〃 75〃　 5億円　超 14段階	10%　 400万円以下 15〃　 800万円　〃 20〃　1,400万円　〃 25〃　2,300万円　〃 30〃　3,500万円　〃 35〃　5,000万円　〃 40〃　7,000万円　〃 45〃　 1億円　〃 50〃　1億5,000万円〃 55〃　 2億円　〃 60〃　2億5,000万円〃 65〃　 5億円　〃 70〃　 5億円　超 13段階	10%　 700万円以下 15〃　1,400万円　〃 20〃　2,500万円　〃 25〃　4,000万円　〃 30〃　6,500万円　〃 35〃　 1億円　〃 40〃　1億5,000万円〃 45〃　 2億円　〃 50〃　2億7,000万円〃 55〃　3億5,000万円〃 60〃　4億5,000万円〃 65〃　 10億円　〃 70〃　 10億円　超 13段階	10%　 800万円以下 15〃　1,600万円　〃 20〃　3,000万円　〃 25〃　5,000万円　〃 30〃　 1億円　〃 40〃　 2億円　〃 50〃　 4億円　〃 60〃　 20億円　〃 70〃　 20億円　超 9段階
配偶者に対する相続税額の軽減	遺産の2分の1又は4,000万円のいずれか大きい金額に対応する税額まで控除	配偶者の法定相続分又は8,000万円のいずれか大きい金額に対する税額まで控除	同左	配偶者の法定相続分又は1億6,000万円のいずれか大きい金額に対する税額まで控除
死亡保険金の非課税限度額	250万円×法定相続人の数	500万円×法定相続人の数	同左	同左
死亡退職金の非課税限度額	200万円×法定相続人の数	500万円×法定相続人の数	同左	同左
税額控除				
未成年者控除	20歳までの1年につき3万円	20歳までの1年につき6万円	同左	同左
障害者控除	70歳までの1年につき3万円	70歳までの1年につき6万円	同左	同左
特別障害者控除	70歳までの1年につき6万円	70歳までの1年につき12万円	同左	同左

出所：政府税制調査会提出資料。

は1.6%となっていた。また，大阪では東京の地価上昇の波及にタイムラグが生じているため，対前年変動率で44.3%も増加し，57.14万円となっていた。

これまでのわが国の相続税の改正においては，このような地価上昇に対応して，相続税評価における土地の軽減措置と小規模宅地の特例措置が実施されてきた。相続税評価における軽減とは，相続税納付のために早急に土地を処分する場合には，必ずしも時価で処分できるとはかぎらないことを配慮し，時価の70%を評価の目安とするという措置であった。また，小規模宅地の特例は1983年に設けられたものであり，これによると被相続人等が事業または居住の用に供していた宅地等のうち200㎡以下の部分の相続税の評価額は，全部が事業用の場合には60%，全部が住居用の場合は70%，事業居住併用の場合には事業用の部分を60%，居住用の部分を70%で評価することになった。

だが，相続税の課税価格の計算に際して，金融資産と比較して土地のみを有利に取り扱うことには，公平性の立場から考えても，効率性の立場から考えても問題がある。公平性の見地からは，土地の評価を軽減することで土地を持たざるものと持てるものの間での相続税負担に著しい不均衡をもたらすことが指摘できる。とりわけ，一般のサラリーマンにとっては首都圏においてはもはや住宅の取得が不可能に近くなった現状では，親からの住宅の相続が期待できる世帯とできない世帯の間での見過ごすことのできない資産格差を発生させることになる。一方，効率性の見地からは，金融資産と実物資産の間の著しい相続税の実効税率の格差は人々の資産選択にゆがみを生じさせることが指摘される。すなわち，実物資産の実効税率が低いことにより，土地に対する需要が増大し，ますます地価が上昇することになるのである[2]。

(2) 1992年度改正以前の相続税負担

しかし，現実には地価の上昇を理由として，相続税の減税は繰り返されてきたのである。相続税の減税のひとつの論拠は，土地のみを残して被相続人が死亡した場合に，相続税負担が支払えないために家を手放さざるを得ない人々がいるというものである。そこで，仮に被相続人が200㎡の土地のみを残して死

第5章　相続税の改革

亡した場合には，1992年度の税制改正前後にどの程度の相続税負担を生ずる可能性があったのかをモデル計算で確かめてみよう。

図5－3は，相続税の計算方法を示したものである。たとえば，金融資産が3,875.4万円，公示価格が17,172万円の土地のみを残して死亡し，妻と子供2

図5－3　相続税の計算方法（子供2人）

1　正味の遺産額の計算
　　　金融資産　　　土　地　　評価割合　小規模宅地の特例
　　3,875万円＋（17,172万円×70％×50％）＝9,885.2万円
2　課税遺産額の計算
　　課税最低限
　　9,885.2万円－（4,000万円＋800万円×3人）＝3,485.2万円
3　課税遺産額の按分
　　妻1／2：1,742.6万円　　第1子1／4：871.3万円　　第2子1／4：871.3万円
4　税率表の適用
＜妻の遺産額に対する税額＞

課税遺産額	限界税率	
400万円以下	10％	400×0.1＝40
800　〃	15	（800－400）×0.15＝60
1,400　〃	20	（1,400－800）×0.2＝120
2,300　〃	25	（1,742.6－1,400）×0.25＝85.65
⋮	⋮	＋）305.65万円
5億円超	70％	

＜子供の遺産額に対する税額＞

課税遺産額	限界税率	
400万円以下	10％	400×0.1＝40
800　〃	15	（800－400）×0.15＝60
1,400　〃	20	（871.3－800）×0.2＝14.26
⋮	⋮	＋）114.26万円
5億円超	70％	

5　相続税総額の計算
　　　　　　　　　　　　　　　　　配偶者控除
　　305.65万円＋114.26万円×2－267.085万円＝267.085万円
6　妻から子供への相続
　　　遺産額
　　9,885.2万円／2＝4,942.6万円
7　課税遺産額
　　4,942.6万円－（4,000万円＋800万円×2）＝－657.4万円
　　課税遺産額がマイナスになるので相続税はかからない。

89

人で相続するケースを考えてみよう。まず，相続税を計算する際には土地については公示価格の70％で評価され，さらに小規模宅地の特例によって50％評価額が減額されるので，正味の遺産額は9,885.2万円となる。課税遺産額は，妻と子供2人で相続する場合には，課税最低限（基礎控除4,000万円＋法定相続人1人当たり800万円×3）を差し引くと，3,485.2万円となる。民法の規定に従って課税遺産額を妻と子供で按分すると妻が1,742.6万円，子供が871.3万円ずつとなる。1,742.6万円の妻の課税遺産額に累進税率表を適用すると，305.65万円が税額となり，871.3万円の子供の課税遺産額に対する相続税額は114.26万円となる。妻と子供の課税遺産額に対応する税額を合計した相続税の総額から，配偶者控除（この場合267.085万円）を差し引けば，夫から妻と子供への相続に対する相続税額267.085万円が得られる。次に，夫から妻に相続された財産は，いずれは子供へ受け継がれることになる。妻が相続した財産価格は，正味の遺産額の2分の1の4,942.6万円である。この正味の遺産額に対して再び課税最低限を差し引くと，課税遺産額はマイナスになるので，妻から子供への相続に関する相続税はかからない。結局，夫と妻から子供へという次世代への相続にかかる相続税の総額は約267万円となる。

　表5－3は相続財産が土地のみであるとすると，1992年度改正前後で相続税の負担がどのように変化したのかを試算してみたものである。ここで土地は小規模宅地の2分の1の評価の特例が適用される200㎡であるとし，法定相続人は配偶者と子供が1人ないし2人であるとした。1992年度改正前において，土地評価率70％のもとでは，法定相続人が配偶者と子供1人のケースにおいて，1㎡当たりの地価が80万円以下の土地ならば相続税は課税されない。法定相続人が配偶者と子供2人のケースにおいては，1㎡が90万円以下の土地ならば課税されることはない。一方，平成4年度改正後には，法定相続人が配偶者と子供1人のケースにおいて，1㎡当たり100万円以下までの土地が課税されないようになった。また，1㎡当たり300万円の土地では相続税の負担が，改正前の4,055万円から2,170万円へと大幅に軽減された。法定相続人が配偶者と子供2人のケースにおいても，以前よりも高い地価でも相続税がかからなくなり，

課税される場合でも相続税の負担額は大幅に減少したことになる。

表5－3では，1992年度の相続税改正により相続税負担が大幅に減少したことがわかった。しかし，仮に1㎡当たり300万円の土地を相続しようと思えば，1992年度改正前には，子供1人の場合には4,055万円，子供2人の場合には2,970万円もの相続税を支払わなければならなかった。1992年度改正後では，大幅に軽減されるとはいえ，子供1人の場合には2,177.5万円，子供2人の場合には1,513.1万円の相続税を支払う必要があった。時価6億円もの土地を相続する

表5－3　相続財産が土地のみのときの相続税額　　　（単位：万円）

地価／㎡	時　価	1992年度改正前		1992年度改正後	
		子供1人	子供2人	子供1人	子供2人
70.0	14,000.0	0.0	0.0	0.0	0.0
80.0	16,000.0	0.0	0.0	0.0	0.0
90.0	18,000.0	35.0	0.0	0.0	0.0
100.0	20,000.0	85.0	30.0	0.0	0.0
110.0	22,000.0	150.0	71.3	17.0	0.0
120.0	24,000.0	220.0	125.0	49.0	1.5
130.0	26,000.0	307.5	186.3	86.5	33.5
140.0	28,000.0	405.0	257.5	134.5	65.5
150.0	30,000.0	537.5	336.3	185.0	104.4
160.0	32,000.0	695.0	417.5	249.0	144.4
170.0	34,000.0	870.0	540.0	313.0	195.1
180.0	36,000.0	1,050.0	670.0	378.0	251.1
190.0	38,000.0	1,260.0	813.8	485.5	307.1
200.0	40,000.0	1,470.0	970.0	597.5	365.0
210.0	42,000.0	1,692.5	1,135.0	723.0	433.4
220.0	44,000.0	1,920.0	1,310.0	851.0	537.4
230.0	46,000.0	2,160.0	1,491.3	990.0	641.4
240.0	48,000.0	2,410.0	1,680.0	1,150.0	745.4
250.0	50,000.0	2,672.5	1,890.0	1,310.0	853.8
260.0	52,000.0	2,935.0	2,100.0	1,473.5	976.8
270.0	54,000.0	3,197.5	2,310.0	1,649.5	1,104.8
280.0	56,000.0	3,460.0	2,520.0	1,825.5	1,236.1
290.0	58,000.0	3,757.5	2,730.0	2,001.5	1,372.1
300.0	60,000.0	4,055.0	2,970.0	2,177.5	1,513.1

ことを考えれば，その程度の相続税の負担は当然であり，支払えないのであれば土地を売却すればよいという見方も成立するが，その一方でたとえ売却すれば相続税を支払えるとしても住み慣れた土地を手放すことへの抵抗が強い人が多いことも事実である。また，夫が死亡したあと妻が死亡するまでの間にはタイムラグが存在することを考慮すれば，仮に配偶者控除の存在により妻自身には相続税負担がかからないとしても，子供たちが相続税の負担能力がなければ土地を売却せざるを得ず，本来異時点間の資産移転に課されるべき相続税が同一世代内の配偶者にも重大な影響を与えることになる。

そこで，仮に子供の世代に相続税の支払能力がまったくない場合には，親の世代は相続税負担を相殺するために200㎡の土地以外にどれだけの金融資産を残せばよいのかを試算したものが表5－4である。親の世代が子供の世代の相続税の支払いに備えて，金融資産を残すと土地だけを残した場合に比べて，当然相続税の負担額は増大することになる。しかし，相続税の限界税率は最高でも70％であるので，金融資産を増やすことにより，必ず相続税の総額を相殺することが可能である。表5－4は，この金融資産の水準を収束計算によって求めたものである。

1992年度改正前には，子供1人のケースにおいて1㎡当たり90万円の地価の土地を残した場合には，36.8万円の金融資産を土地以外にも遺産として残すことにより，土地と金融資産に対して課税される相続税が36.8万円となっていた。この表からは地価の水準が高くなるほど相続税の負担が重くなるので，より多くの金融資産を残さねば相続税の実質税負担をゼロにできないことがわかる。子供1人と子供2人のケースを比較すると，法定相続人の数が多いほど課税最低限の金額が高くなるので当然税負担は軽くなる。仮に1㎡当たり300万円の土地では，相続税の負担を相殺するためには，子供1人なら7,381万円，子供2人でも4,584万円の金融資産が要求される。一方，1992年度改正後の場合には，相続税負担を相殺するために必要とされる金融資産額は大幅に減少する。1㎡当たり300万円の土地では，子供1人なら3,196.3万円，子供2人なら1,993.3万円の金融資産を残せばよい。この金額は，平均的なサラリーマンで

第5章 相続税の改革

表5－4 実質税負担をゼロにするのに必要な金融資産額 (単位：万円)

地価／㎡	時　価	金融資産＝相続税			
		1992年度改正前		1992年度改正後	
		子供1人	子供2人	子供1人	子供2人
70	14,000.0	0.0	0.0	0.0	0.0
80	16,000.0	0.0	0.0	0.0	0.0
90	18,000.0	36.8	0.0	0.0	0.0
100	20,000.0	91.9	31.6	0.0	0.0
110	22,000.0	166.7	76.0	17.9	0.0
120	24,000.0	251.4	137.0	51.6	1.6
130	26,000.0	351.4	205.6	93.5	35.3
140	28,000.0	493.7	290.1	145.4	68.9
150	30,000.0	693.5	378.9	205.6	111.3
160	32,000.0	926.7	506.1	276.7	154.0
170	34,000.0	1,200.0	663.1	347.8	213.8
180	36,000.0	1,500.0	845.2	452.7	275.2
190	38,000.0	1,833.3	1,048.4	588.5	336.6
200	40,000.0	2,192.3	1,280.0	743.8	405.6
210	42,000.0	2,596.0	1,523.7	905.2	517.5
220	44,000.0	3,016.0	1,800.0	1,106.7	641.6
230	46,000.0	3,436.0	2,100.0	1,320.0	765.8
240	48,000.0	3,947.8	2,400.0	1,546.9	900.9
250	50,000.0	4,465.2	2,700.0	1,789.7	1,060.9
260	52,000.0	4,982.6	3,061.5	2,032.4	1,224.3
270	54,000.0	5,536.4	3,438.5	2,277.1	1,397.0
280	56,000.0	6,114.3	3,815.4	2,580.0	1,585.7
290	58,000.0	6,747.6	4,192.3	2,888.1	1,785.1
300	60,000.0	7,381.0	4,584.0	3,196.3	1,993.3

も決して不可能な金額ではない。子供自身の負担能力がゼロであるケースも少ないので，現実の問題としては，東京圏における山手線の内側で居住しているサラリーマンであっても相続税の支払のために土地を売却せざるを得ないケースはほとんどなかったことがわかる。

ただし，依然として，相続に占める土地の比率が高くなると，子供の税負担能力が低い場合にはたとえ配偶者の税負担がゼロであっても，土地を処分しな

ければ相続税を負担できないケースを完全には排除することはできない。異世代間の財産の世代継承に際しての資産の再分配を相続税の本来の目的であることを考慮すれば，遺産相続により配偶者が居住用の財産を売却せざるを得ない状況に追い込まれることには問題があろう。仮にこの問題を解決しようとするならば，課税最低限の引上げでは対処することはできない。これは，わが国の相続税が民法の規定に従って計算されるために，配偶者控除の上限が総遺産額の2分の1に制限されているところから生じる問題である。そこで，相続により配偶者が土地を処分せざるを得ない状況を回避するためには，配偶者が居住用の財産に限っては総遺産額を2分の1を超えて相続できると民法の規定と税法を改正するか，あるいは，配偶者が生存中は居住用財産に関する配偶者以外の法定相続人が支払うべき相続税の納税を猶予する特例を創設すべきであろう。

さて，すでに指摘したように小規模宅地しか所有していない場合は，1992年度改正は減税をもたらしていた。これは，土地の評価率が70％から80％に引き上げられる代わりに，小規模宅地の評価割合を50％から40％に引き下げたため，200㎡以下の宅地の実質的な評価率は改革前の35％から32％に引き下げられたことを考えれば当然の帰結である。しかし，1992年度改正は，土地の評価率を70％から80％に引き上げることにより，大規模な土地の所有者には増税をもたらした可能性もある。

そこで，1,000㎡の宅地のみを相続する場合について，同様のモデル計算を行ったものが表5－5である。この表によると現行税制のもとで子供が1人のケースでは1㎡当たり70万円の時価7億円の土地を相続する場合の相続税の総額は，1億5,535万円となる。これに対して，相続税改正後の相続税総額は1億4,135.5万円となり，1,399.5万円もの減税となる。ただし，地価が高くなるにつれて相続税減税のメリットは少なくなり，1㎡当たり200万円を超える地域では逆に相続税負担が増大することになる。子供2人の場合についても同様の傾向がみられるが，子供1人の場合よりも課税最低限引上げと税率表緩和のメリットをより多く享受できるために1㎡当たり300万円の地域であっても依然として，改正により減税の恩恵を受けられたことになる。

第5章 相続税の改革

表5-5 相続財産が土地（1,000㎡）のみのときの相続税額

(単位：万円)

地価 ／㎡	時価	1992年度改正前		1992年度改正後		減　税　額	
		子供1人	子供2人	子供1人	子供2人	子供1人	子供2人
70.0	70,000	15,535.0	12,632.5	14,135.5	11,378.3	1,399.5	1,254.3
80.0	80,000	19,140.0	15,725.0	17,600.0	14,267.3	1,540.0	1,457.8
90.0	90,000	22,947.5	19,016.3	21,186.5	17,280.6	1,761.0	1,735.6
100.0	100,000	26,970.0	22,402.5	25,005.0	20,395.0	1,965.0	2,007.5
110.0	110,000	31,065.0	25,825.0	28,895.5	23,664.0	2,169.5	2,161.0
120.0	120,000	35,160.0	29,400.0	33,018.0	27,093.4	2,142.0	2,306.6
130.0	130,000	39,255.0	33,022.5	37,242.0	30,573.8	2,013.0	2,448.8
140.0	140,000	43,350.0	36,667.5	41,512.5	34,234.1	1,837.5	2,433.4
150.0	150,000	47,445.0	40,451.0	46,015.0	38,018.1	1,430.0	2,433.1
160.0	160,000	51,540.0	44,310.0	50,591.0	41,802.1	949.0	2,507.9
170.0	170,000	55,672.5	48,186.3	55,167.0	45,636.5	505.5	2,549.8
180.0	180,000	60,020.0	52,257.5	59,743.0	49,641.5	277.0	2,616.0
190.0	190,000	64,430.0	56,431.3	64,319.0	53,689.5	111.0	2,741.8
200.0	200,000	68,840.0	60,605.0	68,895.0	57,737.5	−55.0	2,867.5
210.0	210,000	73,250.0	64,778.8	73,471.0	61,787.9	−221.0	2,990.9
220.0	220,000	77,660.0	68,952.5	78,047.0	65,960.9	−387.0	2,991.6
230.0	230,000	82,070.0	73,126.3	82,623.0	70,272.9	−553.0	2,853.4
240.0	240,000	86,480.0	77,300.0	87,199.0	74,584.9	−719.0	2,715.1
250.0	250,000	90,890.0	81,473.8	91,775.0	78,896.9	−885.0	2,576.9
260.0	260,000	95,300.0	85,647.5	96,351.0	83,208.9	−1,051.0	2,438.6
270.0	270,000	99,710.0	89,821.3	100,927.0	87,551.3	−1,217.0	2,270.0
280.0	280,000	104,120.0	93,995.0	105,503.0	92,044.3	−1,383.0	1,950.8
290.0	290,000	108,530.0	98,168.8	110,079.0	96,620.3	−1,549.0	1,548.5
300.0	300,000	112,940.0	102,342.5	114,767.5	101,240.6	−1,827.5	1,101.9

出所：橋本恭之（1992）「相続税改正の数量分析」『桃山学院大学経済経営論集』第34巻1号，23ページ引用。

　以上のモデル計算により，1992年度税制改正は，ほとんどのケースにおいて相続税負担の減少をもたらしたことがわかった。1992年度税制改正の当初の目的は，土地の評価率を引き上げることにより実物資産と金融資産のアンバランスを是正し，節税目的での土地の取得といった相続税制上のゆがみを是正するところにあった。そのためには，大土地所有者に対しては，これまでよりも税

負担を増大させるものでなければならなかった。しかし,実際には,課税最低限の引上げと税率表の緩和により,平均的サラリーマンより,むしろ大土地所有者の相続税負担を大幅に軽減させたのである。

相続税の課税状況の推移からも,平均的なサラリーマンはほとんど課税されることはなく,近年の相続税改正において,相続税負担が減少してきたことを確認できる。表5-6は,相続税の課税状況の推移をまとめたものである。この表によると死亡件数を課税件数で割った比率は,1987年の7.9%をピークに最近では減少傾向にあり,1997年には5.3%まで落ち込んでいる。また,このわずかな課税件数のなかで,課税されているケースの負担率(=相続税額/合計課税価格)をみても1991年の22.2%をピークとして,近年減少し続け,1997年には,13.9%にまで低下している。

表5-6 相続税の課税状況の推移

	死亡件数 (A)	課税件数 (B)	合計課税価格 (C)	相続税額 (D)	(B)/(A)	(D)/(C)
	人	人	億円	億円	%	%
1980年	722,801	26,797	30,215	4,399	3.7	14.6
1981年	720,262	31,549	38,281	5,427	4.4	14.2
1982年	711,883	35,922	44,729	6,330	5.0	14.2
1983年	740,038	39,534	50,021	7,153	5.3	14.3
1985年	752,283	48,111	62,463	9,261	6.4	14.8
1986年	750,620	51,847	67,637	10,443	6.9	15.4
1987年	751,172	59,008	82,509	14,343	7.9	17.4
1988年	793,014	36,468	96,380	15,629	4.6	16.2
1989年	788,594	41,655	117,686	23,930	5.3	20.3
1990年	820,305	48,287	141,058	29,527	5.9	20.9
1991年	829,797	56,554	178,417	39,651	6.8	22.2
1992年	856,643	54,449	188,201	34,099	6.4	18.1
1993年	878,532	52,877	167,545	27,768	6.0	16.6
1994年	875,933	45,335	145,454	21,058	5.2	14.5
1995年	922,139	50,729	152,998	21,730	5.5	14.2
1996年	896,211	48,476	140,774	19,376	5.4	13.8
1997年	913,402	48,605	138,635	19,339	5.3	13.9

出所:大蔵省(現財務省)『財政金融統計月報(租税特集)』,『国税庁統計年報書』各年版より作成。

第3節　相続税の強化

　以上でみたように，わが国では，課税最低限の高さから相続税が実際に課税されるケースはまれである。ただし，課税最低限については，わが国だけが突出して高いわけではない。

　表5－7は，主要国における相続税制を比較したものである。課税最低限が最も高いアメリカの課税最低限は，配偶者と子供3人で相続するケースにおいて，邦貨換算すると1億6,250万円にも達する。ただし，アメリカでは実物資産は時価評価され，日本のような特例措置が存在しないことに注意する必要がある。一方，フランスのように配偶者と子供3人で相続した場合，課税最低限が3,780万円にすぎない場合もある。この表には，各国の最低税率と最高税率も掲載されている。この表では日本の最高税率70％が突出して高い。

　この最高税率の高さがわが国の相続税が諸外国に比べて重いというイメージをつくりだし，相続税減税の根拠の1つとして使われてきた。しかし，わが国における相続税の最高税率70％は，20億円超の課税価格にしか適用されていないため，いわば飾りにすぎない。実質的な最高税率はそれほど諸外国に比べて高くない。またこの表では，イギリスの相続税が40％の単一税率を採用していることが目を引くところである。

　さて，このような各国の相続税制，わが国の相続税の負担の現状をふまえたとき，今後の相続税はいかなる方向に改革すべきなのであろうか。現在進行しつつある少子化と高齢化は，経済のストック化を促進する。少子化社会では，子供たちは双方の両親からの遺産相続をこれまで以上に期待できることになる。相続財産は，納税者が自らの努力で勝ち取ったものではないために，課税による勤労意欲の低下などの効率性の阻害などの悪影響も少ない。相続税の基礎控除の引下げとともに累進税率表をある程度緩和し，広く薄い課税を検討すべきである。最高税率引下げには，資産家優遇という批判も予想されるが，あまりに重い相続税負担は，相続税逃れの節税，脱税策や日本からの資産の流出を招

表5－7　主要諸外国における相続税の課税最低限等

区　　分	日　　本	アメリカ	イギリス	ド イ ツ	フランス
課税方式	遺産取得課税方式（法定相続分課税方式）	遺産課税方式	遺産課税方式	遺産取得課税方式	遺産取得課税方式
課税客体	相続又は遺贈により取得した財産	被相続人の死亡時にその所有に属していたすべての財産	被相続人の死亡時にその所有に属していたすべての財産	相続又は遺贈により取得した財産	相続又は遺贈により取得した財産
納税義務者	相続人又は受遺者	遺言執行者又は遺産管理人	遺言執行者又は遺産管理人	相続人又は受遺者	相続人又は受遺者
国税収入に占める相続税収の割合	4.3%	1.8%	1.3%	0.6%	1.7%
課税最低限 （配偶者と子3人） （子3人）	9,000万円 8,000万円	1億6,250万円 8,125万円	9,245万円 4,623万円	1億7,281万円 8,641万円	3,780万円 1,890万円
最低税率	10%	18%	40%	7%	5%
最高税率	70%	55%	40%	30%	40%
税率の刻み数	9	18	1	7	7

備考：1　国税収入は，日本は平成9年度決算額，アメリカ，フランス，ドイツは平成8年度決算額，イギリスは平成9年実績見込額である。
　　　2　課税最低限は，相続人が配偶者と子3人の場合は，配偶者が遺産の½，子が残りの資産を均等に取得した場合の額で，相続人が子3人の場合は，子が遺産を均等に取得した場合の額である。
　　　3　ドイツの税率は，第1階級（配偶者及び子女等）の税率により，フランスの税率は配偶者及び直系血族の税率によった。なお，ドイツは単純累進税率である。
　　　4　邦貨換算は，次の率による。
　　　　　1ドル＝130円，1ポンド＝215円，1マルク＝72円，1フラン＝21円
出所：政府税制調査会提出資料。

くだけである。また，現行の贈与税では，年間60万円の基礎控除が認められており，毎年少額の生前贈与を行うことで，相続税の節税を可能にしている。税務行政上の理由から廃止された，生涯の贈与を累積したうえで課税する累積取得税の復活もコンピュータの利用で十分可能であろう。

[参考文献]

経済企画庁総合計画局編（1975）『所得・資産分配の実態と問題点－所得分配に関する研究報告－』．
佐藤進・宮島洋（1979）『戦後税制史』税務経理協会．
橘木俊詔（1989）「資産価格の変動と資産分布の不平等」『日本経済研究』No.19.
橋本恭之（1991）「コーホート・データによるライフサイクル資産の推計」『桃山学院大学経済経営論集』第32巻第4号．
橋本恭之（1992）「相続税改正の数量分析」『桃山学院大学経済経営論集』第34巻第1号．
福田幸弘（1985）『シャウプの税制勧告』霞出版社．
本間正明（1991）『日本財政の経済分析』創文社．
林宏昭・橋本恭之（1999）「高齢者世帯の利子課税について」『関西大学経済論集』第49巻第3号．
Kotlikoff, L. J. and L. H. Summers (1981), "The Role of Intergenerational Transfers in Aggregate Capital Accumulation," *Journal of Political Economy*, Vol. 89, No.4.

[注]
1) SNAデータを用いた収益率は，t 期の資産 W_t，貯蓄 S_t，収益率 r_t の間に
$$W_{t+1} = W_t(1+r_t) + S_t$$
の関係が成立することを利用して計算したものである。この式を r_t について解くと
$$r_t = \frac{W_{t+1} - W_t - S_t}{W_t}$$
となる。詳しくは，橋本（1991）を参照されたい。
2) このような問題点は，1990年10月30日の「土地税制のありかたについての基本答申」においても「土地の相続税評価については，相続税納付のために仮に売り急いだとしても売買価格が相続税評価額を下回ることのないよう，地価公示価格水準の70％（評価割合）を目途として行われているが，そうした配慮が結果的に金融資産等他の資産に比べ土地の有利性を高め，かえって相続税課税上のゆがみや節税を目的とする不要不急の土地需要を招来させている」と指摘されていた。

第6章 地方税制改革

第1節 地方歳入システムの再検討

　現在の地方分権議論において最も不足しているのが，歳入面の抜本改革の視点であろう。地方分権にともない，地方へ権限を委譲するのであれば，当然歳入面においても地方の自主的な税収の確保を義務づけなければならない。現行の強力な国による地方の財政保障機能を果たしている国庫支出金，地方交付税の存在を考慮すれば，歳出面のみの権限委譲は，地方団体の無駄な歳出増大を生じることになる。地方での歳出拡大が，当該地域での負担の増大につながる仕組みを導入すれば，歳出面での無駄を排除することができよう。したがって，地方分権においては，何よりもまず地方の税源の拡充が求められることになる。

　地方の税源を強化するにあたっては，所得・消費・資産の課税ベースのバランスを配慮しながら，国と地方の税源配分を考慮する必要があるだろう。特定の課税ベースに依存することは，普遍的な税源を求められる地方税の基本的な条件を満たさないおそれがあるからである。そこでこの章ではまず，現行税制のもとでの国と地方の税源配分の現状をみる。そして現行の税源配分をどのように改革すべきかを検討する。

　実は，国から地方への税源移転は新たな問題点を生じる。それは，交付税の自然減を通じた地域間の財政力格差の拡大である。現行の交付税システムは，国税収入とリンクしているために，国から地方への税源移転は交付税の配分可能額を大幅に減少させることになる。交付税配分可能額の減少は，現行の交付税の財政保障機能を縮小し，財政力の劣る地方団体のナショナル・ミニマムの

確保を危うくするおそれもある。一方で，交付税の配分額を決めるのに使用される基準財政収入は，地方税の増大にともない大幅に増大し，各地方団体の標準的な財政需要を図るものとされる基準財政需要をほとんどの地方団体で上回ることにつながる。現行制度のもとでは，基準財政収入が基準財政需要を上回る地方団体は，交付税の不交付団体となる。これらの財政力の強い，不交付団体においては，国から地方への財源移転にともない，歳入が増大し，歳出を拡大させる誘因となろう。したがって，地方税を強化するにあたっては，地方交付税制度の改革が要請される。この章では，現行の交付税の持つ財政保障機能と地域間の財政調整機能がどの程度かを示したうえで，交付税改革の方向性についても吟味する。

　また，地方への税源移転は，当然のことながら国の歳入の減少を意味する。この歳入の減少は交付税の自然減によりかなりの部分が相殺されるものの，1999度の第2次補正後の公債依存度が43.4%にも達しようという深刻な財政状況にあることを忘れてはならない。昨今の不況のなかで国は景気対策としての公共事業を地方に押しつけ，その財源の一部を国庫支出金や交付税で面倒をみるという手法をとってきた。これらの政策は，とりわけ地方において深刻な失業対策として，やむを得ない側面があったことも理解できるが，無駄な公共投資につながったことも否定しがたい。どの地域でも立派な図書館や体育館を望む声は根強い。しかし，それらの設備は一度建設されてしまうと，運営に経常的なコストがかかることを忘れてはならない。これらの設備の建設計画が100%地方の単独事業として実施されるのであれば，その必要性，採算性はいまよりもはるかに綿密に検討されることになるだろう。そこで，以下では国の歳入の減少に対処し，地方歳出の無駄を防ぐために，国庫支出金の削減の方向性についても検討する。

第2節　税源の重複

　地方税の強化を図るうえで考慮すべき問題の1つが税源の重複である。わが国の現行制度のもとでは，課税ベースを所得，消費，資産に分けて考えたときに，それぞれの課税ベースについて税源の重複が発生している。

　主要な税目について税源の重複をまとめたものが表6－1である。課税ベースとしての所得については，国税には所得税，法人税が地方税には個人住民税，法人住民税，事業税が存在している。課税ベースとしての消費については，国税には消費税が，地方税には地方消費税，課税ベースとしての資産については，国税には地価税，地方税には固定資産税が存在している。

　このような税源重複の弊害としては，税務行政上，地方自治，税収の十分性などの観点からの問題が指摘されよう。税務行政上の問題としては，国税と地方税の税源が重複している税目について，課税ベースのとらえ方や納税方法に差異が生じる場合には納税者にも税務当局にも複雑なものとなり混乱を生じるおそれがある。地方自治を尊重するならば，地方税の改正の際には国税の改革とは切り離して議論すべきであるのだが，税源が重複している現状では国税への影響を考慮することなく地方税のみの改正を行うことはできない。税収の十分性の問題としては，税源が重複している税目について地方が増収を図ろうとしても，国税を含めた特定の課税ベースへの負担の高さから実現不可能となる可能性もある。

　わが国の税制の出発点となった1949年のシャウプ勧告においては，独立税主義がとられ税源の分離が提唱されていた。すなわち，国は所得税と法人税，都

表6－1　主要な税目についての税源の重複

課税ベース	国　　税	地　　方　　税
所　　得	所得税，法人税	個人住民税，法人住民税，事業税
消　　費	消費税	地方消費税
資　　産	地価税	固定資産税

道府県は（所得型）付加価値税，市町村は固定資産税を基幹税目と想定したのである。しかし，新税の付加価値税の導入は産業界からの反発により見送られ，税収確保の必要性から1954年の地方税改革では税源の重複が大幅に認められ，道府県住民税の創設などにより，国と地方ともに所得課税に偏重した税体系となっていった。

しかし，国税と地方税の性格の違いを考えると，やはり税源の分離が望ましいといえよう。国税には所得分配の観点から能力説的な課税が要請されるのに対して，地方税は地方公共サービスの資金調達としての観点から利益説的な課税が要請されるのである。したがって，能力説的な立場から国税としては所得課税ないし資産課税が望ましく，利益説的な観点から地方税としては消費課税ないし，資産課税が望ましいことになる。そこで，以下では国税と地方税の性格の違いに着目し，個別の税目について検討してみよう。

(1) 所得税と住民税

現行税制のもとでは，国税に占める所得税の比率と地方税に占める個人住民税の比率はいずれも非常に高い。近年の竹下内閣のもとでの税制改革や村山内閣のもとでの税制改革によりその比率は低下したものの，1998年度の当初予算においては，国税収入に占める所得税の比率が34.1%となっている。一方，1998年度の地方財政計画によると，都道府県税収に占める道府県個人住民税の比率が15.4%，市町村税収に占める市町村個人住民税の比率が32.8%となっている。このようにわが国では，国税，地方税ともに税源としての所得に大きく依存している。

所得課税については，この税源の重複を完全に解消することが難しい。なぜならば，現実に国税・地方税ともに税収の大部分を依存している現状を打破するためには，他の税目での大幅な増税が必要となるからである。すでに指摘したように，能力説的な立場から所得課税には国税の方が合致する。しかし，地方税における所得への税収依存度の高さを考えると税源としての所得をすべて国税に振り替えることは，地方税の比率をさらに低下させることになり，地方

分権と逆行することになろう。むしろ、現実的な提案としては、所得課税における地方税のシェアを高めるような改革が必要とされよう。

(2) 法人税と法人住民税・事業税

所得税とともに税収の比率が高いのが法人税、法人住民税・事業税である。1998年度の当初予算では、国税収入に占める比率は法人税が25.3％である。一方、1998年度の地方財政計画によると、都道府県税収に占める比率は道府県法人住民税が5.0％、事業税（法人分）が29.6％、市町村税収に占める比率は市町村法人住民税が11.4％となっている。

企業に対する税収の比率の高さがわが国の税制の特徴ともなっている。近年の円高とともにわが国の企業の税負担の高さは、国際競争力を低下させ、国内産業の空洞化の原因の1つとなってきている。個人と比較すると企業の方がより敏感に税負担水準に反応し、これ以上企業に負担を求めることは海外への流出を招くことになろう。近年、急速に経済成長をとげたASEAN諸国においては国際競争力の確保の観点から、相次いで法人税の税率の引下げを実施している。このような状況を勘案するととりわけ国税における法人税の税率の大幅な引下げが急務であると考えられる。地方税に関しては、法人税の課税の根拠の1つとして企業が利用する公共サービスの対価としての性格があげられることから、ある程度の法人課税は必要となろう。その場合は、現行の地方の法人課税としての法人住民税（法人税割）や事業税が赤字法人に課税できないという問題が生じる。赤字法人であっても地方の公共サービスを享受する以上、ある程度の税負担を課すべきだという考え方も成立する。そこで、地方制度調査会などでも、所得金額の代わりに収入金額、資本金、付加価値額などの外形標準を事業税の課税ベースとすべきという提案が行われてきた。事業税の課税ベースを外形標準化すれば、赤字法人の問題や税収の不安定性が解消されることになる。事業税の外形標準化以外に赤字法人に負担を求める方法としては、法人住民税の均等割の活用も考えられる。この均等割の税収比率は、都道府県で約1％、市町村で約2％にすぎないというのが現状である。

(3) 消費税と地方消費税

　近年の税制改革により国税，地方税ともに消費課税への転換が図られてきた。消費税は1989年から実施され，地方消費税は1997年の消費税率の引上げとともに実施された。地方消費税は，納税義務者および納税地は国税の消費税と一致させ，申告納付，賦課徴収は国（税務署）において併せて行うという，「共同税」的な性格を持った税である。その税率は，国税の消費税額の25％（消費税率に換算すると1％の税率）である。地方消費税の創設にともない，消費譲与税は廃止された。この地方消費税の創設の際には，大蔵省と自治省との激烈な論争があったことも記憶に新しい。この論争は，現在の国税としての消費税が多段階の付加価値税であるため，最終的な消費者の負担する地域と税収の発生する地域に「ずれ」が生じるという，そのままの形では地方税としてなじまないという技術的な問題についても行われたが，その論争の根本的な原因は税源の重複にあったともいえよう。税源の分離を進める立場からは，本来課税ベースとしての消費課税は国税よりも地方税として望ましい。なぜなら，消費税のもつ比例的ないし逆進的性格を考慮すると，能力説的な課税を要求する国税よりも利益説的な課税を要求する地方税の方が課税目的に合致するからである。ただし，その場合，消費税の税負担と税収の納税地域を一致させなければならない。そこで，地方消費税においては，国が徴収した税収を各地方の小売消費額を基準として再配分することになったのである。

(4) 地価税と固定資産税

　課税ベースとしての資産についても税源の重複が存在している。資産を課税ベースとする国税には地価税が，地方税には固定資産税が存在する。地価税はバブル期の地価高騰を抑制するために，1992年度（平成4年度）に税率0.3％で導入されたものである。ただしバブル崩壊後の地価下落にともない地価税は，1998年度改正により当分の間凍結されている。したがって，当面は税源の重複が解消されていることになる。

　地価税の税収は，最も税収の多かった1993年度決算額ですら6,053億円であり，

税率が0.15％に引き下げられた1996年度決算額は1,772億円，1997年度決算額は1,601億円にまで引き下げられた。国税収入に占める比率も0.8％にすぎない。一方，1998年度の地方財政計画によると固定資産税（市町村税）の税収は，9兆19億円であり，市町村税収に占める比率は42.8％にも達する。固定資産税は，税負担者と納税地域が完全に一致するという意味では最も地方税に適した税目といえる。固定資産税については，すでに地方税収入の大部分を占める基幹税であり，その改革の方向としては現行程度の税収を維持しつつ，現行制度における課税ベースの不明確さを是正すべきであろう。固定資産税の税率は，1.4％で長きにわたって据え置かれてきた。このため，地価が高騰すれば当然固定資産税の負担は急増することになる。この負担の急増に対処するために，固定資産税には激変緩和措置が講じられている。この激変緩和措置と土地の評価の難しさが固定資産の評価に不明確さを生んできたのである。このような不明確さを取り除くためには，激変緩和措置を廃止したうえで，税率の決定権を地方に委ねるべきだろう。

第3節　地域間の税収格差

以上のような税源の重複がみられる現状のなかで，地方財源の強化に際しては，果たして所得・消費・資産のいずれに税源を求めていけばよいのであろうか。地方税に求められるべき性格は，国税の満たすべき要件とは異なる。国税の場合には，公平，効率，徴税と納税協力費の最小化が求められている。一方，地方税については，これらに加えて，**安定性**，**伸長性**，**応益性**，**負担分任**，**普遍性**の原則が主張されている。現実的に地方分権を考えるうえで最も重要な原則のひとつが普遍性の原則である。すなわち，地方分権を実施するうえでは，どの地域にも偏ることなく普遍的に存在する財源が望ましいことになる。

しかし，わが国の地方税制のもとでは地域間での税源の偏在が存在することが指摘されてきた。以下では，この税源の偏在を所得，消費，資産の課税ベースの違いに分けて示すことにしよう。具体的には，所得ベースの課税として道

府県民税（個人・法人・利子割り），事業税（個人・法人），市町村住民税（個人・法人）を，消費ベースの課税として道府県たばこ税，ゴルフ場利用税，特別地方消費税，軽油引取税，市町村たばこ税，入湯税を，資産ベースの課税として自動車税，鉱区税，道府県固定資産税，固定資産税（土地・家屋・償却資産），鉱産税，特別土地保有税，事業所税，都市計画税をそれぞれ集計した。図6－1は，以上のような区分に基づき，1991年度における地方税の1人当たりの税収額を所得・消費・資産の財源別に示したものである。税源としての所得は，東京，大阪，愛知といった首都圏がずば抜けて多く，都道府県によってかなりの格差がみられることがわかる。資産については，所得ほどではないにしても，やはり大都市圏の地価水準の高さを反映して，大都市地域ほど税収が多くなっている。消費については，都道府県間の格差はほとんどみられないことがわかる。一方，地方税に占める税収は所得，資産，消費の順になっており，それゆえに，地域間に税収格差が発生していることがわかる。

図6－1からは，税源に占める所得の割合が大きいことが，地域間の格差を生じさせていることが指摘された。このことを一層明確にするために，1人当

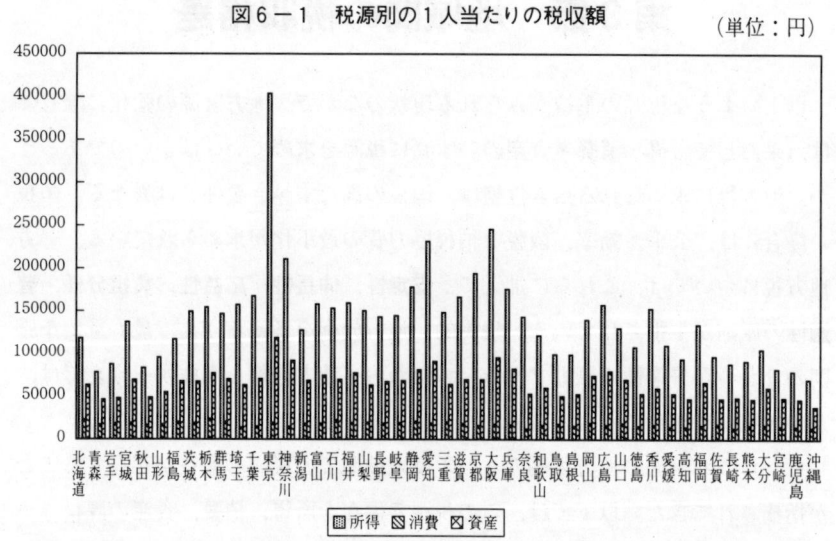

図6－1　税源別の1人当たりの税収額　　　　（単位：円）

出所：橋本（1995）「地方分権とその財源」『季刊TOMORROW』77ページ引用。

たりの県民所得と1991年度における地方税の間の散布図を描いたものが図6－2である。この図では、県民所得と地方税の間には明確な正の相関関係が示されている。

以上の現状分析からは、わが国の地方税制には、税収の地域間の偏在が存在し、その原因となっているのが、住民税に依存した税体系にあることがわかった。このような地域間の格差を是正するには、地方税のみならず、国税と地方税の双方の体系を再構築する必要があるだろう。そこで、国税と地方税のあり方を探る準備段階として、国税についても地域間の税収の観点から現状分析を行っておこう。

図6－3は、1991年度の1人当たりの国税収入を都道府県別に示したものである。この図からは、地方税の場合と同様に東京、大阪、愛知の大都市圏に税収が集中していることが示されている。したがって、単に、現行の国税の体系をそのままに、国税と地方税の間で、地方税の財源を強化するような改革を行ったとしても、地域間の税収格差の問題は解決されないことがわかる。

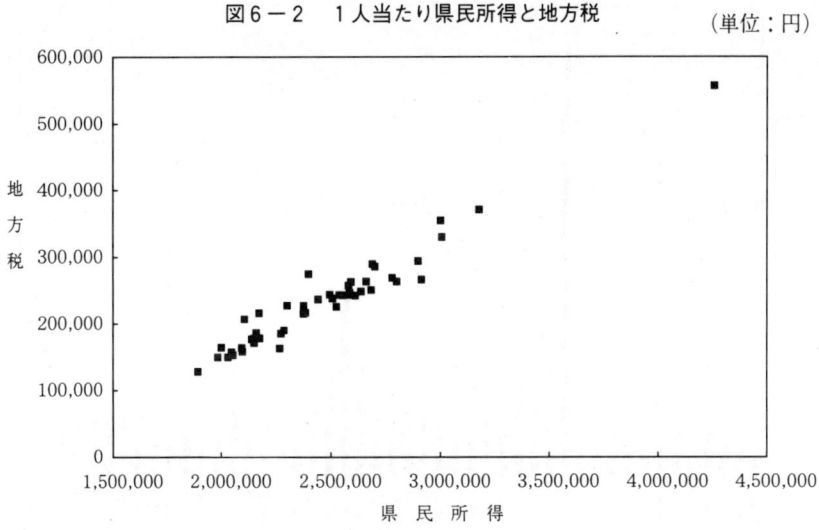

図6－2　1人当たり県民所得と地方税　　　　（単位：円）

備考：県民所得は平成元年の数字である。
出所：橋本（1995）「地方分権とその財源」『季刊TOMORROW』77ページ引用。

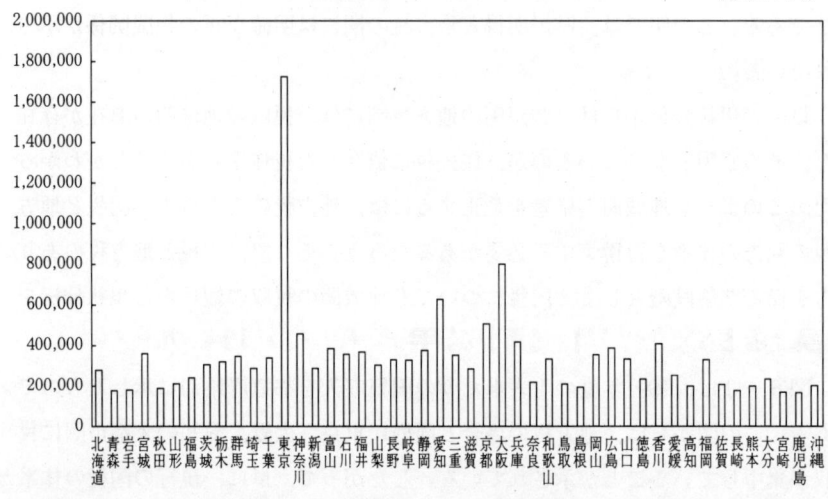

図6-3 都道府県別1人当たりの国税税収額　　（単位：円）

出所：橋本（1995）「地方分権とその財源」『季刊TOMORROW』78ページ引用。

図6-4 税源別1人当たりの国税税収額（1991年度）　（単位：円）

所得税　法人税総計　消費税

出所：橋本（1995）「地方分権とその財源」『季刊TOMORROW』78ページ引用。

1991年度における税源別の1人当たりの国税の税収額を都道府県別にみたものが図6-4である。この図では，税源としては各都道府県とも所得税が最も多く，地域間の格差も大きいことがわかる。税源としての法人税は，所得税以上に地域間に格差がみられることも指摘できよう。さらに，消費税については，東京の税収額だけが他の道府県から突出していることがわかる。したがって，仮に，消費税の税収をすべて地方に振り向けるといった改革を行ったとしても東京への税収の一極集中は是正されないことがわかる。

第4節　村山税制改革と地方消費税の導入

1994年の村山内閣の税制改革は，消費税の税率引上げのみが関心を呼んだが，その陰では前節でみたような地域間の税収格差を縮小し，地方の歳入比率を引き上げる改革として「地方消費税」の創設が行われた。この地方消費税は，徴収は国が代行するため，現行の消費譲与税が地方消費税という名称にかわったにすぎないという見方もあった。なぜならば，村山税制改革以前においても消費税の税収の5分の1（20%）は消費譲与税の財源となり，残り5分の4のうち24%（税収全体の約19%）が交付税の財源となっていたからである。この消費譲与税は都道府県に11分の6が譲与され，その4分の1が人口で，残り4分の3が従業員数で各都道府県に按分されていた。さらに消費譲与税の11分の5は，各都道府県に2分の1が人口で残り2分の1が従業員数で按分されていた。このように消費譲与税は，ある程度地域間の財政格差を是正する役割を果たしていた。しかし，消費譲与税の配分基準が人口と従業員数であるのに対して，地方消費税の配分基準は消費となるため，地域間の税収配分が変更されることになったのである。また，村山税制改革では税率表の改正による住民税の減税も行われたため，住民税に関する地域間の税収配分も変化していたことになる。住民税の税収は，地域間の所得分布状況が異なるために，税率表改正による減収額が地域によって異なってくるからである。たとえば，累進度を下げるような税率表の改正ならば，所得水準の高い都市部の税収が減少し，課税最低限の

引上げをともなう税制改正ならば所得水準が低い地方の税収が減少することになる。

　そこで以下では，村山税制改革にともなう地域間の税収格差の変化を計測してみよう。まず，税制改革による都道府県別の消費税収の計測方法から説明しよう。大蔵省の試算によると地方消費税の税収は平年度ベースで2兆4,990億円と見込まれていた。この税収は，消費基準を用いて各都道府県に再配分される。消費基準としては，商業統計の都道府県別の小売年間販売額と小売年間販売額に相当する消費以外の消費（消費に関連する指標で政令に定めるものを基準として政令で定めるところにより算定）に相当する額とを合計した額とされてた。本章では，単純化のため前者の基準に従い，1991年の『商業統計』により都道府県別の小売年間販売額のシェアを求めて，税収を再配分することで各都道府県別の地方消費税の税収額を推計した。なお，都道府県に交付された税収の2分の1は，当該都道府県の内の市町村に対し，人口と従業員数で按分して交付される。本章で推計した各都道府県別の地方消費税の税収額は，都道府県と市町村の税収を合わせたものとなっている。

　個人住民税の都道県別の税収を推計するにあたっては，住民税が累進税率表を持つために消費税のように簡単に計算することはできない。住民税の税収を計算するには，各都道県別に所得階層別の所得のデータと世帯数のデータが必要とされる。しかし，『県民所得統計』等では，都道府県別の平均所得のデータしか得られない。このため，齊藤 (1989) は，各都道府県の所得分布が対数正規分布と仮定して，都道府県別の住民税のデータから都道府県別の所得分布を推計している。また，大竹・福重 (1987) は『全国消費実態調査』の個票データを入手し，都道府県別の税収額を計算している。本章では，『賃金センサス（平成5年版）』労働省政策調査部を利用して，都道県別の所得分布を推計することにした。『賃金センサス』には，都道府県別に年齢階級別のデータが記載されている。わが国の賃金体系は年功序列を慣行としているため，所得水準の違いは年齢の違いを反映したものと考えてよい。そこで，本章では，都道県別の男子労働者の年間給与と労働者数をそれぞれ，所得と所得分布のデータとし

第6章　地方税制改革

て利用することにした。このデータを使用すれば，以下のような手順を踏むことで税制改革後の都道府県別の住民税税収を推計することが可能になる。

ステップ1

都道県別の年齢階級別所得のデータに現実の住民税の控除，累進税率表を適用し，年齢階級別税額を求め，所得分布を乗じることで都道府県別税収額を算出する。

ステップ2

ステップ1で求めた税収額は，サラリーマンを対象とした『賃金センサス』のデータに基づく税収額であるため現実の税収額とは一致しない。そこで，ステップ1で求めた都道府県別税収額を平成3年度の都道府県別税収で割って，調整係数を求める。

ステップ3

都道府県別の年齢階級別所得のデータに改革後の税制を適用して，年齢階級別の税額を求め，所得分布を乗じることで都道府県別税収額を算出する。

ステップ4

ステップ3で求めた税制改革後の都道府県別の税収額にステップ2で求めた調整係数を乗じれば，税制改革後の都道府県別の税収額が計算できる。

地方消費税創設にともなう地域間の税収配分の推計結果は，表6－2にまとめられている。まず，この表の第2列には，村山税制改革前の1994年度ベースの個人市町村住民税が掲載されている。これは，1994年度に行われた20％の定率減税が実施されなかったとした場合に生じたであろう各都道府県別の税収額である。第3列は，同様に定率減税が実施されなかったとした場合に生じたであろう各都道府県別の個人道府県住民税を掲載している。第4列の(c)は市町村住民税と道府県住民税を足したものである。第5列の消費譲与税(e)は，1994年度の都道府県別譲与額の見込額を市町村分と都道府県分についてそれぞれ合計したものである。第6列の(f)は，個人住民税と消費譲与税を合計したものである。

一方，村山税制改革後の個人市町村住民税と個人道府県住民税が第7，第8

表6－2 地方消費税導入による都道府県別税

道府県	改革前：市民税 (a)	定率減税なし 県民税 (b)	(c)=(a)+(b)	消費譲与税(e)	(f)=(c)+(e)
北　海　道	256,952	104,656	361,608	57,260	418,868
青　　森	46,521	19,531	66,052	13,765	79,816
岩　　手	46,126	19,385	65,511	13,753	79,264
宮　　城	103,773	42,338	146,111	25,330	171,441
秋　　田	37,135	15,815	52,950	11,651	64,600
山　　形	43,154	18,593	61,747	13,607	75,354
福　　島	79,684	33,823	113,507	23,553	137,059
茨　　城	155,690	62,720	218,411	25,911	244,321
栃　　木	99,074	40,787	139,861	23,950	163,811
群　　馬	97,715	40,487	138,202	23,981	162,183
埼　　玉	468,924	182,624	651,547	49,890	701,437
千　　葉	447,382	172,122	619,504	47,813	667,317
東　　京	1,414,800	536,577	1,951,377	195,504	2,146,882
神　奈　川	755,588	286,168	1,041,756	79,740	1,121,496
新　　潟	97,115	41,191	138,306	27,838	166,144
富　　山	57,011	23,722	80,733	12,209	92,942
石　　川	59,585	24,706	84,290	20,533	104,824
福　　井	39,903	16,718	56,621	9,660	66,281
山　　梨	42,864	17,847	60,712	11,221	71,933
長　　野	103,036	43,056	146,091	27,064	173,155
岐　　阜	110,102	45,062	155,165	22,203	177,367
静　　岡	222,468	89,980	312,448	54,698	367,146
愛　　知	489,827	190,679	680,506	73,016	753,522
三　　重	94,199	38,214	132,413	20,521	152,935
滋　　賀	68,376	27,596	95,972	12,470	108,442
京　　都	179,891	70,194	250,085	31,023	281,107
大　　阪	644,267	250,326	894,593	104,040	998,634
兵　　庫	379,592	147,022	526,615	55,733	582,348
奈　　良	99,210	38,090	137,299	11,210	148,509
和　歌　山	47,703	19,496	67,199	11,587	78,786
鳥　　取	21,907	9,304	31,211	7,451	38,662
島　　根	25,965	10,994	36,959	8,160	45,119
岡　　山	87,357	36,011	123,368	19,430	142,798
広　　島	156,411	62,377	218,788	29,828	248,616
山　　口	66,039	27,205	93,244	16,050	109,293
徳　　島	31,133	12,806	43,939	7,471	51,410
香　　川	48,483	19,934	68,417	11,205	79,623
愛　　媛	54,100	22,635	76,735	14,501	91,236
高　　知	29,205	12,152	41,357	7,592	48,949
福　　岡	227,998	92,174	320,172	45,927	366,099
佐　　賀	29,110	12,291	41,401	8,950	50,351
長　　崎	51,161	21,301	72,462	15,311	87,773
熊　　本	62,586	26,195	88,780	18,182	106,962
大　　分	43,179	17,991	61,170	13,172	74,342
宮　　崎	36,327	15,335	51,662	10,254	61,916
鹿　児　島	51,537	21,638	73,175	16,438	89,613
沖　　縄	34,676	14,359	49,035	11,741	60,776
計	7,844,837	3,094,229	10,939,066	1,372,400	12,311,466

出所：橋本（1995）「地方分権とその財源」『季刊TOMORROW』第9巻第4号，82ページ引用。

第 6 章　地方税制改革

収配分の変化：平成 6 年度ベース　　　　　　　　　　　　（単位100万円）

改革後:市民税(g)	県民税(h)	地方消費税(i)	(j)=(g)+(h)+(i)	地方税増加	純　増　収
197,511	96,431	121,711	415,653	54,045	−3,215
39,986	17,137	25,724	82,847	16,795	3,030
39,259	17,061	23,685	80,006	14,495	742
79,480	39,106	43,762	162,348	16,237	−9,093
31,768	14,089	21,480	67,337	14,387	2,736
36,449	16,665	22,041	75,155	13,408	−199
63,317	30,962	36,916	131,195	17,688	−5,864
121,872	58,335	53,283	233,490	15,079	−10,832
75,922	37,872	38,844	152,638	12,777	−11,173
75,405	37,499	37,873	150,776	12,574	−11,407
363,923	170,106	109,356	643,385	-8,162	−58,052
353,940	160,874	100,830	615,644	-3,860	−51,673
1,201,385	508,072	328,171	2,037,628	86,251	−109,254
615,381	268,438	151,735	1,035,554	-6,202	−85,942
79,340	37,312	43,583	160,235	21,929	−5,910
43,249	21,955	21,834	87,038	6,305	−5,904
46,381	22,831	22,983	92,194	7,904	−12,630
30,251	15,380	16,116	61,746	5,126	−4,535
33,048	16,529	16,540	66,117	5,405	−5,816
78,403	39,880	43,710	161,993	15,902	−11,162
82,737	41,808	38,395	162,940	7,775	−14,428
171,576	83,591	71,502	326,669	14,221	−40,477
393,579	178,455	141,736	713,770	33,264	−39,752
71,501	35,510	34,576	141,587	9,174	−11,348
53,983	25,773	22,050	101,807	5,835	−6,635
141,739	65,416	53,907	261,061	10,977	−20,046
525,300	234,864	199,747	959,912	65,318	−38,722
299,270	137,180	104,286	540,737	14,122	−41,611
77,046	35,373	21,287	133,706	-3,593	−14,803
36,296	18,064	17,448	71,809	4,610	−6,977
18,716	8,344	10,985	38,045	6,833	−617
21,838	9,808	13,346	44,992	8,034	−126
66,375	33,315	35,148	134,838	11,470	−7,960
120,353	57,907	58,332	236,591	17,803	−12,025
50,379	25,134	28,247	103,760	10,516	−5,533
24,018	11,765	13,649	49,431	5,493	−1,979
36,930	18,420	22,503	77,852	9,435	−1,771
42,054	20,681	25,078	87,812	11,077	−3,424
23,525	10,992	13,919	48,437	7,080	−512
174,014	85,280	90,424	349,717	29,545	−16,382
23,969	11,087	14,466	49,523	8,122	−828
39,883	19,498	23,118	82,498	10,037	−5,274
51,156	23,609	30,093	104,858	16,078	−2,104
33,673	16,381	21,371	71,425	10,255	−2,917
31,393	13,615	19,801	64,809	13,147	2,893
43,156	19,384	27,834	90,374	17,199	761
30,133	12,541	15,576	58,251	9,216	−2,525
6,290,862	2,880,328	2,449,000	11,620,190	681,124	−691,276

列に掲載されている。この改革後の数字は、村山税制改革後の税制を適用して求めたものである[1]。第9列の地方消費税(i)は、消費基準に基づいて各都道府県に配分されるであろう税収額を推計したものである。第10列の(j)は、個人住民税と地方消費税の合計額である。第11列は、(c)から(j)を引くことで地方歳入に占める地方税がどのくらい増えたかを示したものである。第12列は(f)から(j)を引くことで、地方歳入の純増を求めたものである。ただし、ここでは、地方交付税がカウントされていないことに注意されたい。村山税制改革以前の制度のもとでも消費税収の一部は、消費譲与税以外に、全体の19.2％（国税に対する交付税率24％）が地方交付税に充当されていた。地方消費税導入後には、この交付税の割合が引き上げられ全体の23.6％（国税に対する交付税率29.5％）となった。したがって、消費税全体に対する地方財源はこれまでよりも増加することになる。

　この表からは、まず、1994年度ベースで個人住民税の税率表の改正の減収額は約1兆7,679億円になることがわかる。これに対して、地方消費税の税収は2兆4,990億円となるので自主財源としの地方税は、約6,811億円の増加となる。しかし、現行の消費譲与税が廃止されるため、地方の歳入は、約6,913億円の減収となる。この減収は、交付税率の引上げで埋め合わせることになった。マクロ的には、今回の地方消費税の創設は、自主財源としての地方税の比率が上昇したという、「地方自治」へ理念的な効果のみをもたらす。すなわち、地方譲与税と地方交付税も、地方にとっては使いみちに制限のない一般財源であり、特に地方譲与税と地方消費税の間の差異は、配分基準の変更のみにすぎない。しかし、配分基準が消費に変更されたことは、各地方団体にとっては大きな変更となる。

　図6-5は、都道府県別に1人当たりの消費譲与税と地方消費税の金額を比較することで、配分基準が消費に変更されたことが各地方団体にどのような影響を及ぼすかを示したものである。ただし、比較の際の基準を揃えるために、消費譲与税の金額は現行の数字ではなく、消費税の税率が5％に引き上げられた場合に得られたであろう消費譲与税の金額を使用している。具体的には、現

第6章　地方税制改革

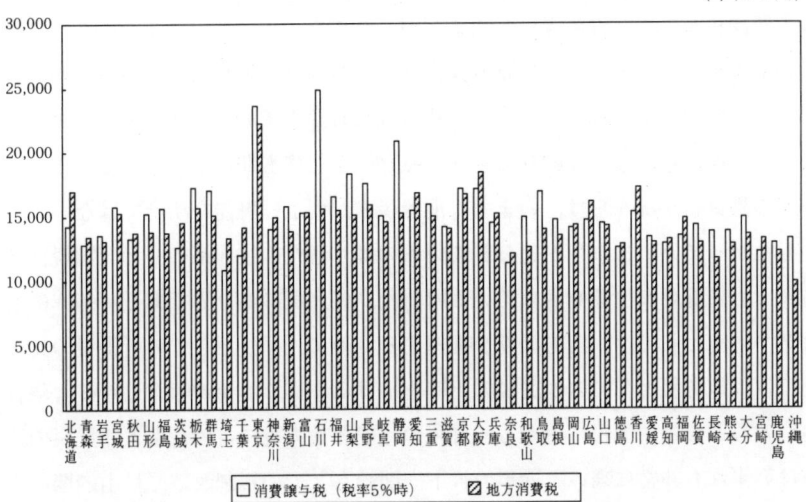

図6−5　配分基準変更による1人当たり税収額の変化　（単位：円）

出所：橋本（1995）「地方分権とその財源」『季刊TOMORROW』第9巻第4号，85ページ引用。

行制度のもとでの各地域間の消費譲与税の配分比率を固定して，税率5％時の地方消費税の予想総税収額を比例配分して求めたものである。この図からは，石川県を除く，すべての都道府県において，地方消費税が消費譲与税の金額を上回っていることが示されている。特にこれまで，1人当たりの消費譲与税の金額が少なかった埼玉，千葉県などでの増収効果が大きいことがわかる。この結果を変動係数で比較すると，消費譲与税が0.17885，地方消費税が0.13422となり，地方消費税の導入により地域間の財源格差は縮小されることがわかる。

第5節　今後の地方税制改革の方向について

村山税制改革において地方消費税が導入されたことで，ある程度地域間の税収格差の縮小と地方財源の強化が達成されたものの，地方分権を推進していくうえでは，地方財源のさらなる拡充が必要である。

現行の地方税体系を税源の重複という観点からみた場合には，地方税としては消費課税ないし，資産課税が望ましい。しかし，すでにみてきたように，現行の地方税においてはすでに資産課税としての固定資産税の占める比率が高い。したがって残る選択肢としては，消費課税に財源を求める方法が思い浮かぶ。しかし，消費税には，高齢社会を支える財源としても期待されている。また，昨今の景気の状況からは，いますぐ消費税率が引上げ可能な状況ではない。

　したがって，いま改革が迫られているのは，現行の税体系のもとで国税，地方税ともに重要な位置を占めている所得税，住民税のあり方である。基本的な改革の方向としては，地方分権を推進するために，国税としての所得税の比率を下げ，地方税としての住民税の比率を上げるような改革が考えられる。現行税制のもとでは，国税に占める所得税の比率と地方税に占める個人住民税の比率はいずれも非常に高い。近年の竹下内閣のもとでの税制改革や村山内閣のもとでの税制改革によりその比率は低下したものの，1998年度の当初予算においては，国税収入に占める所得税の比率が34.1％となっている。一方，1998年度の地方財政計画によると，都道府県税収に占める道府県個人住民税の比率が15.4％，市町村税収に占める市町村個人住民税の比率が32.8％となっている。

　このように現行税制のもとで，国税・地方税とも重要な位置を占めている所得税・住民税は，税率表と控除水準を除けばほぼ同じ仕組みで課税されている。ほぼ同じ仕組みであれば，税体系として独立に課税しなくても一括して徴収し，配分する方が徴税コストの面ではるかに優れている。1997年からの導入された地方消費税は，独立した税制ではなく消費税として一括して徴収したものを地方に配分するという共同税の形態を採っている。所得課税についても，共同税の採用も検討する価値があろう。

(1) ドイツの共同税

　共同税を採用している国としては，ドイツの事例が有名である。そこで，以下ではドイツの共同税の仕組みを紹介しよう。ドイツでは，所得税，法人税，売上税（付加価値税）というほとんどすべての国で税制の根幹をなしている税目

第6章　地方税制改革

が共同税として徴収されている。表6－3は、ドイツの共同税の配分比率をまとめたものである。この表では、連邦、州ともに共同税に依存する比率が非常に高いことがわかる。共同税の配分比率は連邦と州では所得税が42.5％、法人税が50％と同じである。これは「基本法」で固定されているためである[2]。一方、売上税の配分比率は連邦が63％、州が37％となっている。この数字は、基本法では、「連邦と州との収支関係が甚だしく変動したとき、これを改めて確定」となっている[3]。このため、売上税の配分比率については、連邦と州との政治的交渉に委ねられ、しばしば、連邦と州間の紛争の種となっているといわれている[4]。営業税については、市町村に税率決定権が委ねられている。このため、各市町村は、営業税納付金を連邦と州へ比率で納付することになっている。この営業税納付金は、連邦・州の共同税として運営されていた所得税に市町村が新たに加えられることになった代替措置として考案されたものである[5]。

　共同税のうち地方分の税収は、地域間の財政調整の上で配分されることになる。所得税については、納税義務者の居住地原則に従って配分される。法人税については、本社所在地で納税されたものを、各地域の事業所の支払い給与で

表6－3　ドイツの共同税の配分比率（1995年以降）

区　分	連　邦	州	市町村	合　計
共　同　税				
所　得　税	42.5%	42.5%	15%	100.0%
法　人　税	50%	50%		100.0%
売　上　税	63%	37%		100.0%
営業税納付金	5.2%	16.3%		21.5%
営　業　税 （納付金控除後）			78.5%	78.5%
その他の固有税	70.0%	21.7%	8.3%	100.0%
税収全体に占める 共　同　税　比　率	70.5%	87.2%	45.2%	－

出所：伊東弘文（1994）「ドイツ連邦制財政システムを考える」『地方財務』3ページ引用。

配分することになる。売上税については，住民数で比例して配分することになる。なお，売上税についてはさらに財政力の弱い州に，売上税の州分の25%を最高限度として配分されることで地域間の財政調整としても使用されている。

以上でみたようにドイツでは，ほとんどの税目が共同税として徴収されている。しかも営業税のように，地方に税率の決定権があり，逆に国への納付金が存在することも興味深い特徴である。ではこのような共同税をわが国でも取り入れるメリットは果たしてどこにあるのだろうか。

第1に，共同税のもとでは，税源を分離する必要がなく，徴税システムを簡素化することが可能となることである。地方消費税導入の際の議論を思い出してほしい。付加価値税としての消費税は，国税としては洗練された租税システムであるものの，地方税としてはそぐわない。なぜならば，付加価値税のもとでは最終消費地と納税地が一致する保障がないことと，国境税調整など厄介な技術的問題も発生してしまうためである。このため地方消費税はいったん国税当局が徴収し，消費基準で各都道府県に配分されることになったのである。

第2に，都道府県間の配分基準を適切に設定することで，地域間の税収格差を是正することが可能であることが挙げられる。所得税を地域ごとに徴収した場合には，累進税率表の効果により，所得水準が高い都市部において集中的に税収が発生する。いったん国全体で所得税を課税し，所得基準で配分すれば税収格差の是正につながることになろう。

一方，共同税のデメリットは，地方の自主性を損なう可能性があることであろう。国税当局が徴税し，地方に配分するのであれば厳密な意味での自主財源とは言い難いからである。しかし，現行税制と比べると少なくとも地方団体が自らの地域で産業振興，消費促進などを通じて，税収拡大を図る余地が残されている点で優れている。

地方の自主性を最大限尊重するならば，税率の決定権を地方団体に委ねるべきであろう。しかし，長きにわたって中央集権制度のもとにあり，しかも同質性の好む日本人の性格も考えたときにすべての税目をすべて地域での自主性に委ねることは非現実的な提案であろう。したがって，当面の地方財源の充実策

としては，所得税・住民税の共同税化を検討すべきであろう。

(2) 所得税・住民税の共同税化

地方税の充実を図ることを目標に所得税・住民税改革を設計する場合，共同税化以外にも有力な提案がある。それは，国税としての所得税の最低税率部分の税収を地方に振り向け，所得税についてはある一定の所得層以上の納税者に対する付加税と変えようとするものである。このような提案としては，神野・金子（1998年）が有名である。

そこでこの章では，所得税・住民税の改革案として，表6－4のように2つの改革案が実施された場合の地域間の税収配分の変化をみてみよう[6]。まず，ケースAは，所得税・住民税を最低税率10％から最高税率50％までの5段階の税率表を持つ共同税に改革した場合であり，ケースBは，地方税を税率10％のフラット税，国税を付加税とした場合である。なお共同税の税収は，国に4割，地方に6割で配分し，地方に配分された住民税収は各都道府県に所得基準で配分されるものとした[7]。

税率表の設計にあたっては，特別減税含まない1999年度（平成11年度）税制に

表6－4　所得税・住民税改革の想定

	国税税率表		地方税税率表		所 得 控 除
ケースA	課税所得 　　100万円以下 　　250万円以下 　　800万円以下 　1,800万円以下 　1,800万円超	限界税率 10％ 20％ 30％ 40％ 50％			1999年度（平成11年度）と同一地方税は国税の水準まで引上げ
ケースB	課税所得 　　130万円以下 　　300万円以下 　　670万円以下 　1,600万円以下 　1,600万円超	限界税率 5％ 10％ 20％ 30％ 40％	都道府県 市町村	5％ 5％	同　　　上

よる税収を確保し、しかも各所得階層の税負担率をほとんど変えないように留意した。すなわち、ケースA、Bともに改革時点において「税収中立性」、所得階層間の「税負担中立性」を達成するものとなっている。この2つの条件が満たされるならば、個人の税負担状況はほとんど変化しないので、改革の実現性が高まることになる。ケースA、Bにおいて所得階層間の税負担中立性が維持されていることを確認したものが図6－6である。この図によれば、ケースA、Bともにほぼ全所得階層にわたって税負担額をほとんど変化させていないことがわかる。ケースA、Bともに低所得層の税負担をわずかに減少させ、給与収入1,000万円を超える納税者の税負担をわずかに増加させるだけである。

このような所得税・住民税改革が実施された場合には、現行制度のもとでの地域間の税収格差は大幅に縮小できる。データの散らばり具合を示す統計指標である変動係数を計測すると、現行制度のそれが0.269であるのに対して、ケースAでは0.138、ケースBでは0.258となり、地域間の税収格差が減少していることが確認できる[8]。ケースAとBを比べると共同税化したケースAの方が税収格差是正の効果が大きいことがわかる。

このような改革により、地方の税財源は大幅に拡充できる。この所得税・住

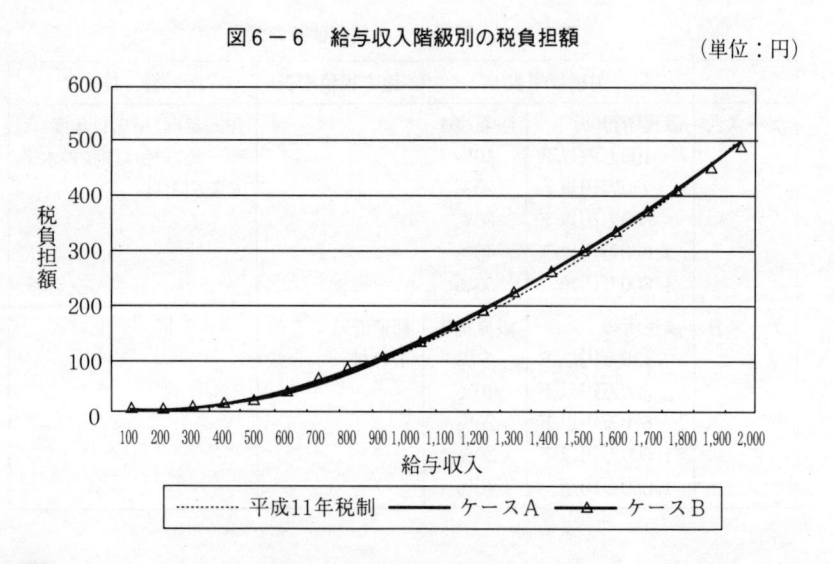

図6－6　給与収入階級別の税負担額　　　　　（単位：円）

民税の税収の変化を考慮すると、税収全体でみた国と地方の税収比率は、現行の国：地方＝58：42が、ケースAでは国：地方＝48：52に、ケースBでは国：地方＝49：51といずれも、地方税収の比率を大幅に高めることができる。ケースAとBの比較では、やはり共同税化したケースAにおいて地方税の税収比率をより高められることがわかる。

第6節　国から地方への財政移転の見直し

　以上のような、所得税・住民税の共同税化をともなう税制改革を実施した場合、地方歳入に占める地方税の比率を高めることができる。ところが、すでに指摘したように国税収入の比率の減少は、自動的に交付税財源を減少させ、財政力の劣る地方団体のナショナル・ミニマムの確保を危うくするおそれもある。さらに、地方税収の増大にともない多くの地方団体が不交付団体となるだろう。交付税の不交付団体においては、歳入の増加にともない、歳出を拡大させる誘因が生じることになる。したがって、地方税を強化するにあたっては、国と地方の財政移転も見直す必要があろう。

　国から地方への財政移転は、地域間にかなりの経済格差が存在するために、ナショナル・ミニマム達成のためには当然必要な措置である。しかし、問題はその規模が大きすぎるところにある。1998年の地方財政計画によると、地方の歳入に占める地方税の比率は44.2％にすぎず、残りは国庫支出金が14.9％、地方交付税が20.1％を占めている。

(1) 国庫支出金

　この地方歳入の14.9％を占める国庫支出金は、俗にいう「補助金」のことである。国が地方をコントロールする手段として最も利用されているのがこの補助金である。この補助金については、非効率的な支出の代表として見直しが叫ばれてきた。しかし、一口に補助金といってもその内容は、さまざまである。わが国の補助金には、法制上「法律補助」に基づき「負担する」とされている

義務的な支出と支出「できる」とされている奨励的な補助金の「予算補助」が混在している。義務的な支出の例としては，義務教育費国庫負担金，生活保護費負担金などがあり，奨励的な支出の例としては，農林水産省所管や通産省所管の補助金などにみられる特定の産業のみを対象とした各種の補助金がある。これらの国から地方公共団体に交付される補助金には，「定額補助金」と「定率補助金」がある。前者は，国が特定の目的の支出に対して一定額の費用を負担するものであり，後者は，地方公共団体が特定目的の支出を行った場合に国が費用の一部を負担するものである。

　地方分権を進めるにあたって特に問題とされるべきは，このうち定額補助金である。定額補助金には，特定産業への奨励的補助金が多い。国が奨励すべきと考えている事業と地方公共団体が奨励すべきと考えている事業が一致する保証は何もない。しかし，国が決めた補助事業以外の用途に流用することは認められていない。

　一方，定率補助金には，国の仕事を地方公共団体にまかせていることによるものが多い。補助金のうち国の負担割合を示す補助率は，その補助事業において国が果たすべき役割が大きいほど高くなる。すなわち，社会保障や義務教育などの事業は，国が果たすべき役割が大きいと考えられるので，補助率が高く，「高率補助金」とも呼ばれることになる。1985年からの国の財政再建策の一環では，補助率のカットが行われてきた。このカットは，街路事業費補助や一般国道改修費補助といった公共事業のみならず，生活保護費負担金，児童保護費等負担金などの社会保障，義務教育などの高率補助金についても適用されることとなった。1986年には児童保護費等負担金の補助率は2分の1まで引き下げられている。この補助率の引下げは，国の財政再建期間中の暫定的措置として始まったが，1989年以降，児童保護費等負担金については2分の1の補助率で恒久化され，生活保護費負担金については10分の7.5に一部復元されたものの，補助率カットが1992年度まで継続されることとなった。

　この補助率カットについては，補助率のカットの一方で，地方交付税の増額が行われたために，補助金の一般財源化が行われたという見方もある。しかし，

生活保護費などの社会保障費は、一般補助金化されても削減することはできない性格の支出である。したがって、これまで国が負担してきた支出をそのまま地方が肩代わりする必要がある。また、地方交付税は基準財政収入が基準財政需要を上回る富裕団体には交付されないために、不交付団体の地域住民は他の地域の住民よりより多くの社会保障費の負担を課されることになるのである。やはり、所得再分配政策は一国全体で行うべきものであり、社会保障費などの負担金は、むしろ全額国費でまかなうべきであろう。

一方、奨励的な補助金については、原則として廃止すべきである。村民全員に無償でパソコンを配布したことで、有名になった山田村について考えてみよう。この費用は、山田村の予算ではなく、国からの奨励的な補助金でまかなわれている。つまり、都市の住民の支払った税金で村民に無償でパソコンという民間財が配られたことになる。しかも、そのパソコンのすべてが有効に活用されているわけではない。過疎地域において、都会との情報格差を埋めるためにパソコンによるインターネットの利用が有効な手段であることは理解できる。しかし、それならば補助金の交付対象は、あくまでも各家庭への光ケーブルの敷設などネットワーク整備に限定すべきである。仮に、これらの予算が補助金ではなく、村独自の予算に基づき実施されるならば、パソコンまで無償配布されることはなかったであろう。

(2) 地方交付税

国庫支出金と比較すると、地方交付税は使い道が限定されていない一般財源であるとされてきた。経済学的には、一般補助金は国庫支出金のような特定の目的にしか使えない補助金よりも当該地域住民の厚生水準を高めることができる。しかし、近年巧妙な手段により「交付税のひも付き財源化」が行われてきたという見方がある。その1つの例が、竹下内閣の「ふるさと創生事業」である。一般には、ふるさと創生では、あたかも全市町村に新たに現金が1億円ずつ配られたかのようなイメージでとらえられていた。しかし、実際には地方交付税の算定の際の基準財政需要額に1億円を加算するという形で行われたので

ある。この措置により本来一般財源である交付税の使い道をふるさと創生という特定の事業に誘導したのである。またこのときは，地方交付税の不交付団体については，もらってもいない1億円をもらったつもりで支出せよという奇妙な事態も生じた。

この例は，現行の地方交付税の問題点を浮き彫りにしてくれる。地方交付税には，特別交付税と普通交付税が存在するが，交付税総額の大部分を普通交付税が占めている。この普通交付税は，各地方政府が行政サービスを行うために必要な財政需要を各々の行政項目ごとに経常的経費，投資的経費として算定した合計額である「基準財政需要額」が普通税の収入見込み額に地方譲与税の総額を加えたものである「基準財政収入額」を超える地方政府に対して交付されることになる。

この基準財政需要額の算定が地方交付税を複雑化し，本来一般財源である交付税をひも付き補助金化しているのである。基準財政額の算定は，個別の地方団体において道府県では警察費などの38行政費目，市町村では消防費など47費目を集計し，単位費用を求め人口や面積などの測定単位をかけ合わせ，さらに規模の経済性を考慮した段階補正や都市化の程度に依存する普通態容補正などの補正係数を乗じて行われる。この基準財政需要額の算定の詳細は，きわめて複雑であり，自治省の担当者でなければ理解不能とまでいわれている。この複雑さを利用して，新たな補正係数を創設することで国の意向に沿った支出が誘導されてきたのである。

実は，この地方交付税における基準財政需要額は，主に人口と面積によってかなり高い精度で推定可能であることが林（1987），中井（1988a）（1988b）の研究で明らかにされている。人口と面積でほぼ説明できるのであれば，適用団体が少なくなった補正係数や金額的に補正の効果が小さくなったもの等については，統合・廃止や特別交付税への振替えを模索する必要があろう。現行の交付税の算定方式にこだわり，現状の基準財政需要額を既得権化することは，普通交付税制度の抜本的見直しへの障害となろう。

地方交付税制度のいま1つの問題は，地方交付税の持つ地方団体間の財政調

整機能に関するものである。地方交付税の財源調整の仕組みは，図6－7で説明できる。図の横軸には人口規模，縦軸には基準財政収入額と基準財政収入額を人口1人当たり金額に直したものがとられている。既存の地方交付税の実証分析からは，基準財政需要額と基準財政収入額には図のような関係が成立することが知られている[9]。すなわち，基準財政需要額は，人口1人当たり金額に直すと人口規模に対してU字型になる一方で，基準財政収入額は人口規模に対して比例的に増加することになる。現行制度のもとでは，この図の基準財政需要額が基準財政収入額を上回る地方団体へその差額が交付税として支給され，基準財政収入額が基準財政需要額を上回る地方団体については不交付団体となり，交付税は支給されない。これにより，交付税は地方団体間の財政調整を果たしていることになる。現行制度の1つの問題点は，不交付団体に対する「逆交付税」が存在しないところにある。すなわち地方交付税を地方団体間の財政調整制度としてのみとらえるならば，基準財政収入が基準財政需要を上回る団体に対してはその差額を徴収するという「逆交付税」を創設する必要があろう。

図6－7 地方交付税の財源調整の仕組み

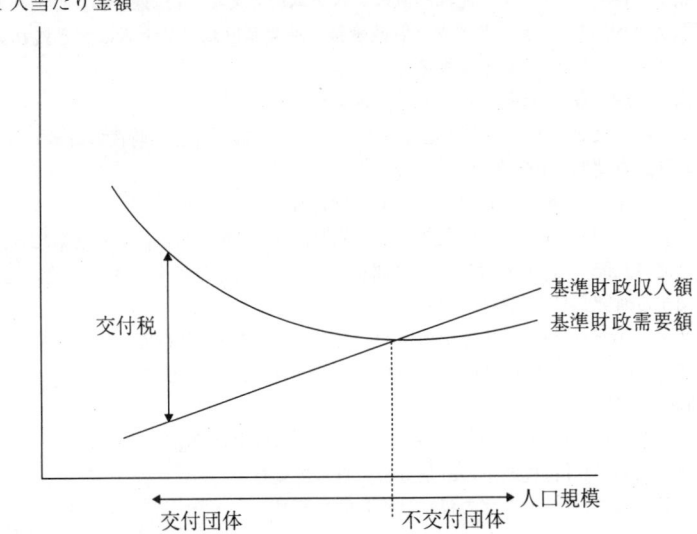

なぜならば，現行制度のもとでは，豊かすぎる不交付団体の財政調整を行う術がないからである。財政需要を上回る財政収入の存在は，不交付団体の無駄な行政支出を招く原因となろう。

交付税の持つ財政調整機能に関しては，その調整そのものが強力すぎるという批判もある[10]。交付税による財源再配分効果があまり強すぎると，多くの地方団体が地方交付税に安易に依存することになる。現行制度のもとでは，基準財政需要額が基準財政需要額を上回る地方団体には，ほぼ自動的に財源が降ってくる。このような自らの徴税努力なしに集められたお金については，それだけコスト意識が欠如し，無駄な支出に費やされるおそれが生じるだろう。真の地方分権化をすすめるためには，交付税の総額を減らし，自主財源としての地方税の比率を高める必要があろう。

[参考文献]
大竹文雄・福重元嗣（1987）「税制改革と地域別租税負担－『全国消費実態調査』によるシミュレーション分析－」『大阪大学経済学』第37巻第1号．
伊東弘文（1994 a）「ドイツ連邦制財政システムを考える」『地方財務』1994年12月号．
伊東弘文（1994 b）「統一ドイツと財政調整－連邦制財政システムは生き残れるか」『経済学研究（九州大学）』第60巻第1・2号．
齊藤愼（1989）『政府行動の経済分析』創文社．
齊藤愼・中井英雄「遍在化する地方財源」本間正明編『地方の時代の財政シリーズ現代財政(3)』有斐閣，1991年．
中井英雄（1988）『現代財政負担の数量分析』有斐閣．
橋本恭之（1993）「補助金等の問題点と一般財源化」『都市問題』第84巻第12号．
橋本恭之（1995）「地方分権化と地域間税収配分」『地方分権をめざした地方税のあり方に関する研究』日本租税研究協会．
橋本恭之（1995）「地方分権とその財源」『季刊TOMORROW』第9巻第4号．
橋本恭之・前川聡子「地方分権下における個人所得税・住民税のあり方について」『国際税制研究』No.4，2000年．
本間正明編（1991）『地方の時代の財政シリーズ現代財政(3)』有斐閣．
林宏昭（1995年）『租税政策の計量分析』日本評論社．
福田幸弘（1985）『シャウプの税制勧告』霞出版社．

第6章　地方税制改革

〔注〕
1) 村山税制改革の概要については，第1章を参照されたい。
2) 伊東（1994 a）4ページ参照。
3) 伊東（1994 a）4ページ引用。
4) 伊東（1994 a）4ページ参照。
5) 伊東（1994 a）6ページ参照。
6) 以下の試算結果は，大阪経済大学の前川聡子専任講師との共同研究の成果の一部を筆者の責任で紹介したものである。
7) 計算に際しては，『県民経済計算年報（平成11年度版）』における1996年の「県民所得」の都道府県別のシェアを配分パラメータとして使用した。
8) 変動係数は，標準偏差を平均値で除することで求めることができる。
9) 詳しくは中井（1988）を参照されたい。
10) この問題に関しては，林（1995）の実証研究が存在する。

第7章　年金改革と年金税制

第1節　厚生省の5つの選択肢

　高齢化の進展とともに，公的年金の改革がいま注目を集めている。しかし，これまでの年金の改革の議論においては，税制との関連づけがあまり配慮されてこなかった。消費税を福祉目的税化すべきといった議論については従来から数多く存在するものの，税・社会保障制度を一体的に検討したものは少ない。そこで，この章では，年金改革のあり方に加えて，年金税制の方向性についても検討しよう。

　まず，現在の政府が検討している年金改革の中身からみていこう。年金改革のあり方を考える材料として，厚生省（現厚生労働省）は，1997年（平成9年）12月5日に「21世紀の年金を選択する―年金改革・5つの選択肢―」を発表した。A案：現行制度の給付設計を維持する案，B案：厚生年金保険料率を月収の30％以内にとどめる案，C案：厚生年金保険料率を年収（ボーナスを含む）の20％程度にとどめる案，D案：厚生年金保険料率を現状程度に維持する案，E案：厚生年金の廃止（民営化）案である。これらのA案からD案は，いずれも現行制度を前提とし，給付水準を抑制することで将来の保険料の上昇を抑制するものにすぎず，E案のみが公的年金制度の抜本的改革案となっている。

　このE案の厚生年金の廃止（民営化）案について，厚生省はその背景として，
①　賦課方式（年金給付に必要な費用をその時々の現役世代の保険料でまかなう方式）の要素の大きい現行の年金制度の仕組みでは，将来世代の負担が過重になることから，世代間の給付と負担の格差を早急に是正する必要がある。

表7－1　厚生省による年金改革の5つの選択肢

	保険料率	給付水準
A案　現行制度の給付設計を維持する案	厚生年金の最終保険料率は，月収の34.3％（ボーナスを含む年収の26.4％）に上昇。	平成6年改正に基づく給付水準や支給開始年齢等を維持する。
B案　厚生年金保険料率を月収の30％以内にとどめる案	厚生年金の最終保険料率を，平成6年改正の前提であった月収の30％（ボーナスを含む年収の23％程度）以内にとどめる。	平成37（2025）年度時点で支出総額を1割程度抑制。
C案　厚生年金保険料率を年収（ボーナス含む）の20％程度にとどめる案	厚生年金の最終保険料率を，ボーナス含む年収の20％程度（月収の26％程度）にとどめる。	平成37（2025）年度時点で支出総額を2割程度抑制。
D案　厚生年金保険料率を現状程度に維持する案	厚生年金の最終保険料率を，現状程度の月収の20％程度（ボーナス含む年収の15％程度）にとどめる。	平成37（2025）年度時点で支出総額を4割程度抑制。
E案　厚生年金の廃止（民営化）案	公的年金は基礎年金を1階建ての年金とするとともに，厚生年金は廃止し，積立方式による民間の企業年金又は個人年金に委ねる。	

②　人口増加率と賃金の上昇率を合わせたものより運用利回りの方が大きい経済状況の下では，積立方式（将来の年金給付に必要な原資について，将来の世代に負担を求めるのではなく，あらかじめ積み立てていく方式）の方が賦課方式より有利である。

③　官民の役割分担の見直しのなかで，年金制度についても個人の選択の幅を広げ，民間の役割を拡大させていくべきである。

と述べている。しかし，このE案については，中小零細企業等のサラリーマンの老後の所得保障，インフレ等への対応，切替時の2重負担などの問題点を挙げて消極的な姿勢を示している。このうち，切替時の「2重負担」とは，現行の年金財政方式が事実上賦課方式に近いものになっているので，民営化に移行し，完全積立方式とする場合，巨額の積立不足が生じることになるが，その不足額を負担する世代は，自らの積立額に加えて，積立不足額に対する拠出も要

求されることになることを指している。厚生省は，この制度の切替えによって財政処理が必要となる厚生年金（2階部分）の過去期間の債務（後代負担）の現在価値総額を，350兆円(1999年度末)，一時金であれば被保険者1人当たり1,000万円にも達すると試算している。

厚生省は，この2重の負担に対処するためには，受給世代の年金財源を保険料で調達する方法や，国債や税で負担する方法があるが，「移行期の世代の保険料負担によって2重負担の問題を解決することについて合意が得られるか，新たな国債や税で巨額の負担を行うことは困難ではないか」という否定的な見解を示している。一方で，公的年金を基礎年金に限定し，その財源は消費税で調達し，厚生年金を民営化すべきだという意見も根強い。そこで，以下では，これらの年金改革案が家計にもたらすミクロ的な影響を明らかにしたうえで年金改革のあるべき姿を模索することにしよう。

第2節　世代別公的負担のシミュレーション

年金改革が家計の給付と負担の関係に与える影響についての代表的な手法としては，公的年金を民間の貯蓄手段と同様にとらえて，各世代が受け取る年金額が，勤労期間に拠出した年金保険料をどの程度の利子率で運用したものと等しくなるかを示した，内部収益率を計算するものが挙げられる[1]。しかし，保険料方式から税方式への移行をも含む公的年金の改革を評価するには従来の手法では不十分である。年金制度と租税制度は複雑な相互依存関係を保持しているからである。基礎年金の給付に要する費用の3分の1は，国庫負担すなわち税金でまかなわれている。高齢化がもたらす基礎年金の増大は，新たな税財源を必要とする。また，現行税制のもとで，1年間に支払った社会保険料は全額，所得控除されている。社会保険料が引き上げられれば，所得税負担は自動的に減少するのである。

そこで，このような相互依存関係を考慮したうえで，世代別の給付と負担の

関係を推計してみよう。推計にあたっては，1953年から1998年までの『家計調査年報』の勤労者世帯の世帯主年齢階級別のデータを利用して，9つの世代のコーホート・データを作成した[2]。各世代の1999年以降の所得データについては，1998年の『家計調査』における年齢階級別の「勤め先収入」に賃金上昇率をかけて推計した[3]。税負担としては，給与所得税，利子所得税，消費税，消費税以外の個別間接税を考慮した[4]。消費税，消費税以外の個別間接税の計算に必要な消費データについては，ライフサイクル・モデルを利用して推計した[5]。年金給付額の推計にあたっては，1945年生まれ以降の世代が支給開始年齢の引上げにともない，繰上げ支給を選択するものと仮定して推計した[6]。

また，A案からD案については，1999年時点の国庫負担部分と比べて増大した部分は，消費税率の引上げでまかなわれるものと仮定し，E案については，基礎年金の財源を完全に税方式へ移行し，その財源は消費税率の引上げで調達するものと仮定した。表7-2は，各案のもとで必要とされる消費税率の引上げ幅を推計したものである。この表で現行制度を維持した場合と完全に税方式へ移行した場合では，基礎年金の水準が異なっている。消費税率の引上げは，物価スライドによる基礎年金水準の引上げにつながることになる。消費税の税率引上げ幅が大きくなるほど基礎年金の水準もそれだけ高くなるのである[7]。この表では，高齢化のピーク時には，現行制度を維持した場合でも2％ポイント弱の消費税率の引上げが必要となり，完全に税方式へ移行するならば約12％ポイントの引上げが必要とされることが示されている。

図7-1は，1970年生まれの世代について，公的負担率の推移を描いたものである[8]。A案からD案を比較すると，現行制度を維持する場合のA案よりも，B，C，D案の方が現役時代の負担率を抑制できることがわかる。逆に，老後には，B，C，D案はA案よりも公的負担の負担率を上昇させることになる。これは，B，C，D案はA案に比べて年金給付額の削減が行われ，公的負担率の分母に含まれる年金収入が減少するためである。厚生年金を民営化するE案では，現役時代での負担率抑制と退職後の負担率上昇がさらに明確に示されている。E案での老後期間での公的負担率の大幅な上昇は，基礎年金の税方式へ

第7章 年金改革と年金税制

表7-2 税方式移行による消費税の税率引上げ幅

	65歳以上人口(千人)	完全税方式		現行制度			必要増税額(億円)		消費税引き上げ幅(%)	
		基礎年金(万円)	基礎年金給付額(億円)	基礎年金(万円)	基礎年金給付額(億円)	国庫負担(億円)	現行	税方式	現行	税方式
2000年	21,870	71,168	186,772	67,080	176,044	58,681	1,969	130,060	0.10	6.50
2001年	22,609	71,388	193,682	67,145	182,170	60,723	4,011	136,969	0.20	6.85
2002年	23,299	71,595	200,172	67,206	187,900	62,633	5,921	143,459	0.30	7.17
2003年	23,905	71,778	205,903	67,260	192,941	64,314	7,601	149,190	0.38	7.46
2004年	24,373	71,920	210,349	67,301	196,839	65,613	8,901	153,636	0.45	7.68
2005年	25,006	72,113	216,390	67,357	202,120	67,373	10,661	159,678	0.53	7.98
2006年	25,748	72,340	223,514	67,423	208,321	69,440	12,728	166,801	0.64	8.34
2007年	26,492	72,569	230,701	67,489	214,552	71,517	14,805	173,989	0.74	8.70
2008年	27,145	72,772	237,048	67,548	220,030	73,343	16,631	180,335	0.83	9.02
2009年	27,810	72,979	243,547	67,607	225,619	75,206	18,494	186,834	0.92	9.34
2010年	28,126	73,078	246,648	67,635	228,278	76,093	19,380	189,936	0.97	9.50
2011年	28,311	73,136	248,468	67,652	229,836	76,612	19,899	191,756	0.99	9.59
2012年	29,232	73,427	257,570	67,735	237,602	79,201	22,488	200,857	1.12	10.04
2013年	30,209	73,738	267,305	67,823	245,862	81,954	25,242	210,592	1.26	10.53
2014年	31,166	74,044	276,920	67,909	253,974	84,658	27,945	220,208	1.40	11.01
2015年	31,883	74,276	284,177	67,974	260,064	86,688	29,976	227,465	1.50	11.37
2016年	32,421	74,451	289,652	68,022	264,642	88,214	31,502	232,940	1.58	11.65
2017年	32,817	74,580	293,699	68,058	268,016	89,339	32,626	236,986	1.63	11.85
2018年	33,087	74,668	296,466	68,083	270,318	90,106	33,394	239,753	1.67	11.99
2019年	33,226	74,714	297,893	68,095	271,504	90,501	33,789	241,180	1.69	12.06
2020年	33,335	74,750	299,013	68,105	272,434	90,811	34,099	242,300	1.70	12.12
2021年	33,365	74,759	299,321	68,108	272,690	90,897	34,184	242,609	1.71	12.13
2022年	33,297	74,737	298,622	68,102	272,110	90,703	33,991	241,910	1.70	12.10
2023年	33,242	74,719	298,057	68,097	271,641	90,547	33,834	241,345	1.69	12.07
2024年	33,202	74,706	297,646	68,093	271,299	90,433	33,721	240,934	1.69	12.05
2025年	33,116	74,678	296,763	68,085	270,566	90,189	33,476	240,051	1.67	12.00
2026年	32,999	74,639	295,563	68,075	269,568	89,856	33,143	238,851	1.66	11.94
2027年	32,886	74,602	294,405	68,064	268,604	89,535	32,822	237,693	1.64	11.88
2028年	32,803	74,575	293,555	68,057	267,897	89,299	32,586	236,843	1.63	11.84
2029年	32,740	74,555	292,911	68,051	267,360	89,120	32,407	236,198	1.62	11.81
2030年	32,768	74,564	293,197	68,054	267,598	89,199	32,487	236,485	1.62	11.82
2031年	32,480	74,470	290,254	68,028	265,145	88,382	31,669	233,542	1.58	11.68
2032年	32,542	74,490	290,887	68,033	265,673	88,558	31,845	234,175	1.59	11.71
2033年	32,597	74,508	291,449	68,038	266,141	88,714	32,001	234,736	1.60	11.74
2034年	32,680	75,535	292,297	68,046	266,848	88,949	32,237	235,585	1.61	11.78
2035年	32,787	74,570	293,392	68,055	267,760	89,253	32,541	236,679	1.63	11.83
2036年	32,942	74,621	294,979	68,070	269,082	89,694	32,981	238,266	1.65	11.91
2037年	33,139	74,685	296,999	68,087	270,762	90,254	33,541	240,287	1.68	12.01
2038年	33,379	74,764	299,465	68,109	272,810	90,937	34,224	242,753	1.71	12.14
2039年	33,595	74,835	301,689	68,129	274,654	91,551	34,839	244,977	1.74	12.25
2040年	33,726	74,878	303,040	68,141	275,774	91,925	35,212	246,328	1.76	12.32
2041年	33,796	74,901	303,763	68,147	276,372	92,124	35,411	247,050	1.77	12.35
2042年	33,782	74,896	303,618	68,146	276,252	92,084	35,372	246,906	1.77	12.35
2043年	33,733	74,880	303,113	68,141	275,833	91,944	35,232	246,400	1.76	12.32
2044年	33,631	74,847	302,061	68,132	274,962	91,654	34,942	245,348	1.75	12.27
2045年	33,497	74,803	300,680	68,120	273,818	91,273	34,560	243,967	1.73	12.20
2046年	33,310	74,741	298,756	68,103	272,221	90,740	34,028	242,043	1.70	12.10
2047年	33,109	74,675	296,691	68,085	270,506	90,169	33,456	239,979	1.67	12.00
2048年	32,909	74,610	294,641	68,067	268,800	89,600	32,888	237,928	1.64	11.90
2049年	32,701	74,542	292,512	68,048	267,027	89,009	32,297	235,799	1.61	11.79
2050年	32,454	74,462	289,989	68,025	264,923	88,308	31,595	233,276	1.58	11.66

出所：橋本恭之（2000）「年金改革のシミュレーション分析」『国際税制研究』№4，93ページ引用。

図7－1 1970年生まれの公的負担（本人負担分）

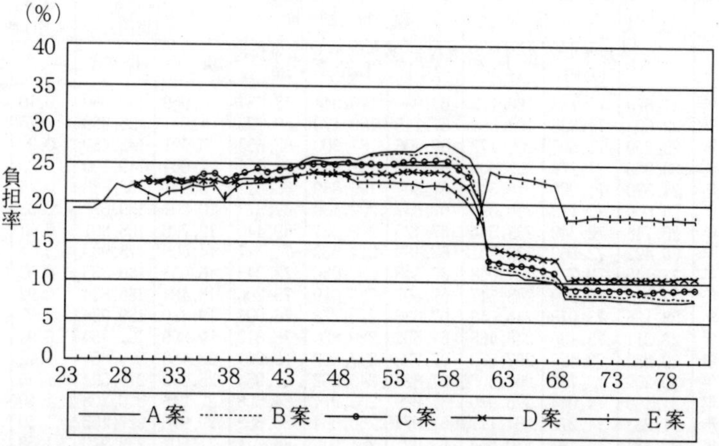

出所：橋本恭之（2000）「年金改革のシミュレーション分析」『国際税制研究』No. 4，92ページ引用。

の移行により，消費税率が引き上げられることで説明できる。なお，各案の退職後の65歳時点で負担率が低下するのは，高齢者の利子非課税制度が65歳から適用されるためである。

このような，年金改革が各世代の公的負担と給付額に与える影響をまとめたものが表7－3である。この表の数値は消費者物価指数で実質化してある。まず，公的負担については，A案からE案にいくに従って負担が軽減される傾向がわかる。ただし，1940年生まれ以前の世代では，すでに老年期に差しかかっているために，保険料抑制の影響はほとんど受けず，E案による消費税率引上げの影響のみをこうむる。次に年金給付額については，A案からE案にいくに従って給付額が削減されていることがわかる。ただし，1940年生まれ以前の世代については，年金改革案による給付額削減の影響を受けることはない。最後に，この年金給付と公的負担の比率を比較してみると，A案からE案にいくに従って，1945年生まれ以降の世代の給付・公的負担比率が低下していることがわかる。公的年金改革の目的の1つは，高齢化のピーク時での若い世代の負担の抑制を図ることである。しかし，以上の結果はいずれの案も必ずしもその目

第7章　年金改革と年金税制

表7－3　世代別の公的給付と負担（本人負担のみ）

		A 案	B 案	C 案	D 案	E 案
実質公的負担	1930年生まれ	2,155	2,155	2,155	2,155	2,275
	1935年生まれ	2,659	2,659	2,659	2,659	2,809
	1940年生まれ	3,070	3,070	3,070	3,070	3,365
	1945年生まれ	3,541	3,542	3,515	3,493	3,704
	1950年生まれ	4,302	4,290	4,290	4,217	4,402
	1955年生まれ	4,801	4,802	4,799	4,631	4,700
	1960年生まれ	5,723	5,723	5,699	5,351	5,431
	1965年生まれ	6,547	6,517	6,443	6,188	6,024
	1970年生まれ	7,688	7,601	7,468	7,146	6,885
実質年金給付	1930年生まれ	5,174	5,174	5,174	5,174	5,174
	1935年生まれ	5,428	5,428	5,428	5,428	5,428
	1940年生まれ	5,578	5,578	5,578	5,578	5,578
	1945年生まれ	3,780	3,400	3,022	2,267	3,550
	1950年生まれ	3,830	3,446	3,063	2,297	3,359
	1955年生まれ	3,923	3,529	3,137	2,353	3,179
	1960年生まれ	4,051	3,643	3,238	2,429	2,990
	1965年生まれ	4,222	3,797	3,375	2,531	2,781
	1970年生まれ	4,490	4,037	3,588	2,691	2,544
給付・公的負担比	1930年生まれ	2.401	2.401	2.401	2.401	2.275
	1935年生まれ	2.042	2.042	2.042	2.042	1.933
	1940年生まれ	1.817	1.817	1.817	1.817	1.659
	1945年生まれ	1.067	0.960	0.860	0.649	0.958
	1950年生まれ	0.890	0.803	0.714	0.545	0.763
	1955年生まれ	0.817	0.735	0.654	0.508	0.676
	1960年生まれ	0.708	0.637	0.568	0.454	0.551
	1965年生まれ	0.645	0.583	0.524	0.409	0.462
	1970年生まれ	0.584	0.531	0.480	0.377	0.369

注：消費者物価指数で実質化した。
出所：橋本恭之（2000）「年金改革のシミュレーション分析」『国際税制研究』No.4，94ページ引用。

標を達成できないことを示している。なかでも厚生年金を民営化するE案は，若い世代の給付・公的負担比を最も大きく低下させている。だが，実はA，B，C，D案とE案を同じ土俵で比較することには問題がある。この表の数値は，年金保険料の本人負担分しか含まれていないためである。年金の雇用主負担は，フリンジ・ベネフィットとして雇用主が労働者に給付し，その給付額がそのまま保険料として徴収されていると解釈できる。

雇用主負担を含めて考えると，図7－2に示されているように1970年生まれの生涯の公的負担率はA案の社会保険料方式が継続した場合，ピーク時には35％を超えるような水準まで上昇する。一方，税方式に移行するE案では，負担率が大幅に軽減されることになる。すなわち，雇用主負担部分を含めて考えると，今の社会保険料方式が継続する場合よりも，税方式へ移行した方が，現役世代の負担軽減の効果は大きいことがわかる。

同様のことは，図7－3に示されている1950年生まれの世代についてもいえる。この世代については，税方式への移行によって軽減を受ける期間は，50歳

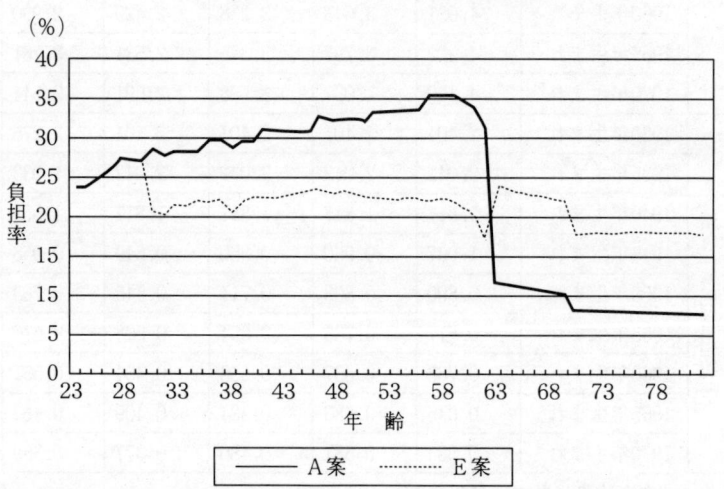

図7－2　1970年生まれの公的負担（雇用主負担分を含む）

出所：橋本恭之（2000）「年金改革のシミュレーション分析」『国際税制研究』No.4，95ページ引用。

第 7 章　年金改革と年金税制

図7－3　1950年生まれの公的負担（雇用主負担分を含む）

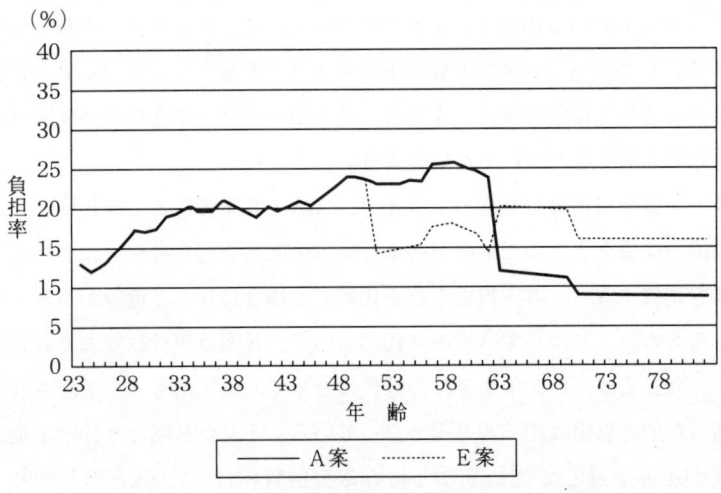

A案　　　E案

出所：橋本恭之（2000）「年金改革と年金税制」『租税研究』607号，52ページ引用。

図7－4　1930年生まれの公的負担（雇用主負担分を含む）

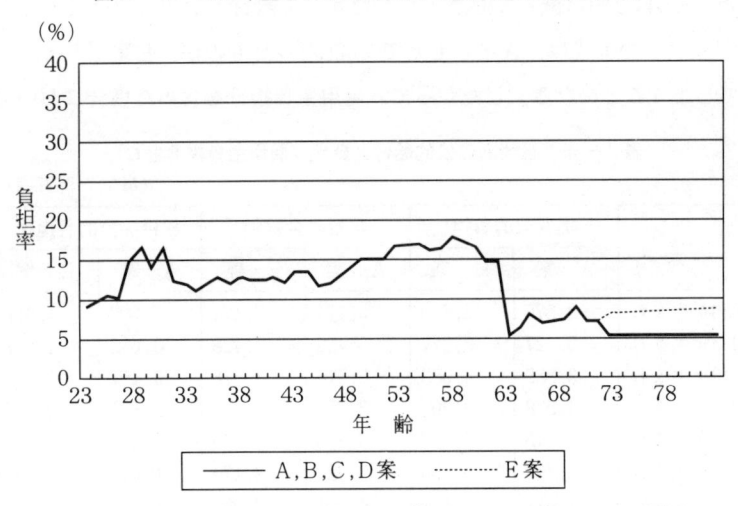

A,B,C,D案　　　E案

出所：橋本恭之（2000）「年金改革と年金税制」『租税研究』607号，53ページ引用。

からの10年間となっている。一方，図7－4で示されているようにすでに老年期に差しかかっている1940年生まれの世代にとっては，税方式への移行はほとんどメリットがない。老後の消費税率の引上げの影響だけを受けることになる。ただし，この世代は他の世代と比べると若年期に支払ってきた社会保険料の水準がもともと高くなかったともいえよう。

　表7－4は雇用主負担を含めたうえで，A案とE案のもとで世代別に公的給付と負担の関係をまとめたものである。給付公的負担比を各世代についてA案とE案を比較すると，本人負担のみを比較した場合に比べて違いが小さくなってはいるものの，やはりすべての世代について，E案は現行制度よりも悪化している。たとえば，1970年生まれの世代にとって，A案のもとで予想される生涯を通じた公的負担は10,529万円となっている。それがE案だと1970年生まれの世代が生涯を通じて支払うことになる公的負担は，7,064万円となり，約3,000万円軽減されている。しかし，A案からE案に移行すると，給付額が4,490万円から2,544万円に減ってしまう。したがって給付と負担の比率でみると，1970年生まれの世代は，A案のもとで0.426だったものが，E案だと0.36に低下してしまうことになる。したがって，雇用主負担分を含めた場合においても，

表7－4　世代別の公的給付と負担（雇用主負担を含む）

（単位：百万円）

	実質公的負担		実質年金給付		給付・公的負担比	
	A案	E案	A案	E案	A案	E案
1930年生まれ	2,576	2,699	5,174	5,174	2.009	1.917
1935年生まれ	3,227	3,377	5,428	5,428	1.682	1.607
1940年生まれ	3,829	4,083	5,578	5,578	1.457	1.366
1945年生まれ	4,528	4,396	3,780	3,550	0.835	0.808
1950年生まれ	5,545	5,022	3,830	3,359	0.691	0.669
1955年生まれ	6,343	5,335	3,923	3,179	0.618	0.596
1960年生まれ	7,617	5,851	4,051	2,990	0.532	0.511
1965年生まれ	8,867	6,332	4,222	2,781	0.476	0.439
1970年生まれ	10,529	7,064	4,490	2,544	0.426	0.360

出所：橋本恭之（2000）「年金改革のシミュレーション分析」『国際税制研究』No.4，95ページ引用。

税方式への移行は，現行制度のもとよりもさらに若い世代を不利に扱うことになることがわかった。

第3節　年金改革と年金税制の連動

　このような結果は，年金改革の課題を年金制度の改革のみでクリアーしようとすることの限界を示している。現行制度に比べてどの案を採用しても世代間の負担格差の是正が達成できず，給付・公的負担比を低下させる原因となっているのは，すでに老年期に差しかかっている現行制度のもとで若い世代よりも優遇されている世代の給付を削減することができないためである。世代間の格差を縮小するには，すでに給付が開始されている世代の給付水準を落とさない限り不可能である。厚生年金を民営化し，基礎年金を税方式へ移行するE案は，消費税率を引き上げることである程度はこれらの老年世代の負担を増加させることができる。しかし，その効果は消費税率引上げにともなう物価スライドにより相殺されてしまう。

　年金改革だけで考えれば，この問題の解決策は物価スライドを廃止しさらに，現在すでに年金を支給されている世代の給付額を削減するしかない。しかし，それは政治的には非常な困難が予想される。したがって，年金税制の見直しを年金改革に連動させて考える必要が出てくる。消費税以外の財源調達手段が確保できれば，消費税率抑制により，若い世代の将来の負担を一層削減できるからである。

(1)　税方式と社会保険料方式

　具体的な年金税制のあり方を考える前に，なぜ現在の年金システムが社会保険料方式で運営されているのかについて議論しよう。租税には，資源配分，所得再分配，経済安定という大きく分けると3つの役割が存在する。資源配分の役割として，租税には，民間部門から資金を調達して，公共財を供給することが期待されている。所得再分配の役割としては，「事前的」な競争社会のもと

で生じた所得の不平等をある程度是正することが求められる。「事後的」な完全な平等化は，労働意欲を阻害し，効率性を損なうことになるものの，現代の近代国家において平等な社会を目指すことは，社会全体の安定度を高めるためにも欠かせない。経済安定の役割としては，近年実施されてきたような不況期における減税政策が挙げられる。

　一方，保険料というのは明らかに違う役割を期待されている。一番大きい役割はリスクの分散である。たとえば，疾病によって入院した場合には，所得を稼ぐ機会がなくなるが，医療保険に加入しておけばリスクを分散することができる。この機能は民間の生命保険会社等が提供している機能でも十分まかなえるものの，公的部門が社会保険料方式で提供している。社会保険料方式のメリットとしては，強制加入により加入者増加により保険料率が低下するという大数の法則が満たされるということが挙げられる。また，社会保険料方式のもとでは，逆選択も防止することができる。すなわち，民間の保険だとリスクの高い人ほど保険に加入する傾向が生じるが，社会保険料方式のもとでは，健康な人々もそうでない人々も強制的に加入するために，リスクの高い人々だけが保険に加入することで，保険が成立しなくなるような状況を避けることができる。

　このような社会保険の本来の目的から考えると公的年金の改革はどのように評価されるのであろうか。公的年金制度が保険料で運営されているのは，老齢によるリスクを分散するためだとされてきた。しかし，年をとること自体は，生理現象であり必ずしもリスクではない。老齢＝低所得者となってはじめてリスクといえる。しかし，高齢者であっても現役で活躍している人もいる。しかも現在の公的年金制度は，積立方式ではなく事実上世代間扶養のシステムとしての賦課方式のもとで運営されている。世代間の所得分配を目的とするならば，保険料方式ではなく，税方式で運営すべきだろう。特に，基礎年金部分については，老後における最低生活を保障するものであるために，税方式が望ましい。基礎年金については，現行制度のもとでも3分の1の国庫負担が投入されている。1997年6月3日の閣議決定では，この国庫負担の比率について「基礎年金

国庫負担率の引上げについては，1994年改正の附帯決議等において所要財源を確保しつつ検討することとされているが，現下の厳しい財政状況にかんがみ，財政再建目標達成後，改めて検討を行うこととする」として将来の検討課題としている。しかし，国庫負担の比率の引上げではなく，完全な税方式への移行の方が基礎年金の性格を明確化することになろう。また，現在の基礎年金の支給は，所得制限が加えられていないが，完全に税方式へ移行するならば，所得再分配政策の一環として基礎年金をとらえることが可能となり，当然，高齢者であっても高所得者については支給を制限すべきということになる。

一方，最低生活部分を基礎年金が保証するならば，2階建て部分としての厚生年金を，公的年金制度として運用する必要はなくなる。現行の2階建て部分としての厚生年金は，最低生活以上のより豊かな老後を享受するための強制的な貯蓄手段として存在している。若年期での消費を抑制し，老後に備えるかどうかは本来個人の選択に委ねるべき問題である。厚生年金がなくても，大多数の個人は老後に備えて貯蓄行動をとるものと考えられる。この老後に備えるための貯蓄を強制するメリットはほとんどない。保険システムにおける強制加入によるメリットは，大数の法則，逆選択の防止であるが，個人にとって長生きするかどうかは，コントロールが困難であるために，逆選択が働く余地は少ない。つまり，長生きするかどうかが完全に予測できる場合には，長生きする人だけが年金に加入し，短命な人は年金に加入しないので，保険が成立しないおそれがある。したがって，年金の場合には，民間でも十分運営可能である。実際に，公的年金以外にさまざまな形で年金に加入している人が多い。

したがって，厚生年金や共済年金などの2階建て部分は民営化し，完全積み立て方式へ移行すべきであろう。ただし，現在の私的年金としての企業年金は，崩壊の危機にある。これは，わが国の企業年金が確定給付型のもとで運営されてきたためである。高度成長期において確定給付型年金は，高い運用収益のもとで，企業の負担を軽減してきた。しかし，近年の不況のなかで，企業における年金債務は不良債権化しつつある。老後の生活保障という個人の領域まで企業がカバーしようとする日本型社会は，高度成長を前提として成立してきたが，

成長率の鈍化とともにその矛盾が露呈してきたのである。厚生年金等の民営化の受け皿としては，現在の確定給付型の企業年金ではなく，アメリカの401(k)と呼ばれるタイプの確定拠出型年金に準じたシステムとすべきであろう。

厚生省の年金改革案においても指摘されていたように，厚生年金等の民営化の最大の障害は，民営化への移行期に生じる2重の負担である。厚生年金等が将来の年金給付にあてるべき積立金を取り崩してきたツケを誰が負担するのかという問題である。すでに述べたように，厚生省の試算ではこのツケは，350兆円（1999年度末）にものぼるとしている。この数字は基礎年金の国庫負担分を差し引いたものだが，八田・小口（1999年）は，「厚生年金にかかる日本政府の純債務としては，国庫負担分を含めた600兆円」とすべきだとし，独自の試算として，1995年時点の厚生年金の純債務は593兆円だとしている[9]。

公的年金制度の民営化については，この移行期における財政負担の問題から反対も多い。このような移行期における財政負担の問題をも考慮すると，税方式へ移行し，消費税でまかなうだけでは問題は解決しない。前節で見たように消費税の引上げは，若い世代をさらに不利に扱うことにもなることを忘れてはいけない。したがって，消費税以外の財源調達手段を検討しなければならない。その財源調達手段の1つに年金税制の見直しが挙げられる。

(2) 年金税制の見直し

年金の課税方式を考えるうえで参考になる租税理論には，包括的所得税の考え方と支出税の考え方が存在する。そこで，包括的所得税，支出税，現行税制のもとで，年金税制がどのように取り扱われているかを比較したものが表7－5である。

まず年金の課税段階は大別すると3つに区分される。公的年金，私的年金ともに，拠出段階，拠出された保険料を集めて運用する段階，そして老後の給付段階である。包括的所得税のもとでは，拠出段階では貯蓄と同じようにとらえるので，社会保険料に対して所得控除しないというのが本来の考え方となる。一方，貯蓄手段の1つとして考えるために，運用段階の収益に課税されること

第7章　年金改革と年金税制

表7－5　年金の課税方式の比較

		拠 出 時	運 用 時	給 付 時
包括的所得税		控除せず	運用収益に課税	非課税（貯蓄の取り崩し）
支　出　税		貯蓄として課税ベースから控除	非課税	課　税
現行税制	公的年金	拠出額全額を社会保険料控除	非課税	原則課税 公的年金控除適用
	企業年金 (厚生年金基金)	拠出額全額を社会保険料控除 （事業主負担は損金算入）	厚生年金基金の支給する年金の努力目標となる水準を超える部分の積立金に 法人税　1％ 住民税　0.173%	原則課税 公的年金控除適用
	個人年金	生命保険料控除 （上限5万円）	個人年金提供法人の所得に含めて法人税課税	原則課税
日本版401(k) (確定拠出型年金制度)		拠出額全額を所得控除	事業主掛金およびその運用益を対象として特別法人税を課税。 個人型加入者掛金およびその運用益を対象として特別法人税を課税	原則課税 公的年金控除適用

備考：平成11年4月1日から平成13年3月31日までの間に開始する事業年度の退職年金等積立金については，特別法人税を課さないこととされている。

になる。給付段階では，貯蓄の取り崩しと考えるために非課税となる。

　支出税のもとでは，拠出時点においては，貯蓄の一形態と考えるために課税ベースから控除されることになる。支出税は，消費した場合にのみ課税されるからである。運用時においても，消費されないために，課税されることはない。給付時においては，貯蓄の引き出しと解釈されるので，当然課税対象となる。

　わが国の年金税制は，包括的所得税，支出税のいずれの考え方でも説明がつかない折衷方式となっている。現行税制のもとで，公的年金については拠出段階では社会保険料控除が適用される。運用時点では非課税となっている。給付時点は原則として課税となっている。したがって，どちらかというといまの年

金課税の方式は支出税に近いものの,給付時においても,年金給付に対しては公的年金控除が適用されるために事実上非課税となっている。

企業年金は公的年金に準ずるような形となっている。個人の拠出額の全額が社会保険料控除の対象となっており,事業主負担については法人税の取り扱いにおいて損金算入となる。運用時については厚生年金基金の支給する年金の努力目標となる水準を超える部分の積立金に,法人税1％が課税されることになっている。ただし,1999年から2001年まで退職年金と積立金に限って特別法人税を課さないことになっている。給付時では公的年金と同じように原則課税だが,やはり公的年金控除が適用されるためにほとんど課税されるケースはない。

個人年金は,拠出時において生命保険料控除の対象となる。ただし上限が5万円である。運用時点については個人年金提供の法人の所得について法人税が課税される。給付時点については原則課税となっている。日本版401(k)については,拠出額全額を所得控除し,運用時は事業主掛け金およびその運用益を対象として特別法人税をかけることになっている。給付時には原則課税であるが,公的年金控除が適用される。いまの年金税制は,私的年金の税制については,公的年金に準じる形を取っているので,両者を同時に見直さなければならない。

この年金税制のあり方は,実は財源調達方式に依存することになる。E案のように2階建て部分を民営化して,1階建て部分だけを残して,公的年金を基礎年金部分だけとして,その基礎年金部分を税方式で調達する場合を考えてみよう。この場合には,社会保険料が廃止されるために,社会保険料控除も廃止されることになる。もし社会保険料をなくして税方式に完全に移行したならば,基礎年金部分の給付額は課税すべきである。なぜならば,税方式で調達された年金給付は,社会保障給付としての性格を持つからである。現在の制度のもとで,生活保護のような社会保障給付は,課税対象とはなっていない。しかし,経済効率性から考えると,生活保護費を含めてすべての社会保障給付は課税対象とすべきである。なぜならば,現在の生活保護制度のもとで,対象世帯に所得が発生した場合には生活保護費が減額されてしまう。つまり,労働意欲を損

なう制度となっているわけである。社会保障給付とその他の所得を合算して，課税対象にした場合には，働けばそれだけ手取り所得を増やすことができる。税負担は，課税最低限を超える部分にしか生じないので，負担もそれほど重くない。

　私的年金については，わが国の課税方式が所得税中心であることを考えれば，包括的所得税のもとでの取り扱い方に近づけていくべきであろう。いま話題となっている401(k)の導入当初はある程度税制上の優遇措置をつけて促進したいという議論もあるが，他の金融商品と比べて，格差をつける必要性は少ないであろう。とりわけ，企業年金に認められている社会保険料控除は廃止すべきである。

　社会保険料控除の問題点は2つある。1つは所得階層間での不公平を生じているということが挙げられる。所得控除方式のもとでは，同じ所得控除の金額でも高所得層ほど適用される限界税率が高いために，節税効果が大きいからである。いま1つの問題点は，所得税の税収，とりわけ高所得層が負担している部分の税収が減少することである。保険料の水準が高くなればなるほど，このロスは増加する。公的年金を税方式に移行し，社会保険料を廃止するのに合わせて，企業年金における社会保険料控除も廃止すべきである。

　このような年金税制の見直しだけで調達できる財源はそれほど多くない。すでに指摘したような年金民営化の際の2重の負担の問題も考えると，年金税制の見直しに加えて相続税の増税を検討すべきであろう。

　350兆円という数字だけみると，2重の負担の解消は不可能であるように思える。だが，一方でわが国の金融資産残高は1,400兆円にものぼるといわれている。350兆円は，1,400兆円の25％にすぎない。1,400兆円の金融資産は，いずれは，遺産相続の形で次世代に継承されることになる。したがって，相続税の増税によってこの2重の負担を解消していくことが，経済に対する影響から考えても，公平性の見地からも支持されるだろう。

[参考文献]

麻生良文 (1995)「公的年金課税と課税ベースの漏れ」『経済研究』46巻4号.
跡田直澄・大竹文雄 (1989)「税制改革と公的年金制度」『季刊社会保障研究』Vol.25, No.1.
小塩隆士 (1998)『年金民営化への構想』日本経済新聞社.
橋本恭之 (1998)『税制改革の応用一般均衡分析』関西大学出版部.
橋本恭之 (2000 a)「年金改革のシミュレーション分析」『国際税制研究』No.4.
橋本恭之 (2000 b)「年金改革と年金税制」『租税研究』607号.
八田達夫・小口登良 (1999)『年金改革論-積立方式へ移行せよ』日本経済新聞社.

〔注〕

1) たとえば支給開始年齢の65歳への引上げの影響をみた跡田・大竹 (1989) の研究がある。
2) 『家計調査』の「世帯主勤め先収入」は税負担の計算に,「定期収入」は標準報酬と等しいと仮定することで, 年金給付と年金の保険料負担の計算に利用した。なお, 年金改革の評価に議論を限定するために, 社会保険料負担としては, 年金の負担のみを考慮した。したがって, 税負担を計算する際に考慮した社会保険料控除についても年金部分しか計算していないので, 実際の負担とは異なることに注意してほしい。
3) 将来の経済成長率は, 経済戦略会議が想定していた日本経済の潜在成長率とする2%を仮定し, 賃金上昇率, 利子率とも2%で推移するものと仮定した。なお将来の物価上昇については, 消費税の引上げ分のみと仮定した。
4) 給与所得税については, 各年の税法に従って計算した。利子所得税については, 昭和63年のマル優制度廃止以降については一律分離20%で課税されるものとした。ただし, 65歳以上の高齢者についてはマル老制度が適用されるものとした。
5) 本章で利用したライフサイクル・モデルの詳細は, 橋本 (1998) を参照されたい。
6) 具体的には, 本章では60歳ですべての世代が退職すると仮定したため, 61歳に支給開始年齢を繰り上げ, 65%の支給率となるものと想定した。なお, 単純化のために2000年以降の賃金スライドについては考慮していない。
7) なお, 基礎年金の水準が高くなると, 総額としても基礎年金の給付額も増大するので消費税率の引上げ幅はさらに高くなる。この表では, 最終的に必要な増税を満たす, 消費税率の水準を収束計算で求めている。
8) 公的負担の負担率は, 分母には給与収入 (ないし年金収入)+利子収入を, 分子には給与所得税+利子所得税+消費税+その他の個別間接税+厚生年金保険料を採って計算した。なお, この図での年金保険料には本人分しか含まれていない。
9) 八田・小口 (1999) 180ページ引用。

第8章　シミュレーションの手法

　本書の各章で紹介した税制改革のシミュレーションのほとんどは，それほど高度な経済学的な手法を駆使しているわけではない。しかし，対象とする租税制度，データの探し方，表計算ソフト，フォートランなどの科学技術計算用プログラム言語に関する知識の有無が障害となって，わが国では税制改革のシミュレーションを行った分析は，意外と少ないのが現状である。そこでこの章では，各種の税制シミュレーションの方法を詳しく解説することにしよう。

第1節　所得税負担の計算方法

(1)　所得税額の計算

　分配面から税制改革を評価する場合，しばしば租税負担率が用いられている。この租税負担率を求める方法には，大別すると2つの方法がある。

　第1の方法は，各種の統計資料に掲載されている税収のデータを所得で割るものである。この方法での租税負担率は，マクロ・データないしミクロ・データを利用したものがある。マクロ・データによる租税負担率は，総税収を国民所得で割ったものである。これは，『国民経済計算年報』を利用して求めることができるし，また『財政金融統計月報（租税特集）』にも掲載されている。ミクロ・データを利用した租税負担率は，『家計調査年報』を利用して求めることができる。『家計調査年報』では，「勤め先収入」「勤労所得税」「その他の税」という項目が所得階級別や年齢階級別に入手できるので勤労所得税を勤め先収入で割れば，所得階級別や年齢階級別の所得税の負担率を簡単に求めることができる。しかし，この方法で求めた所得税の負担率は，税制改革による累進度

の変化をみるときには注意が必要である。なぜならば、『家計調査年報』に掲載されている「勤労所得税」のデータは、各所得階級、各年齢階級の平均値であり、累進所得税のもとでは低めになってしまうからである。また、将来の税制改革による影響をあらかじめシミュレーションする場合には、この方法は利用できないことになる。

そこで、本書では、第2の方法として『家計調査年報』などのミクロ・データに税法を適用することで所得税の負担率を推計している。この方法のメリットは、税制改革の影響を同じ条件の下でシミュレーションできるところにある。以下ではこの第2の方法に基づき所得税の負担率を計算するために必要な所得税（国税）の計算方法を数値例を用いて詳しく説明しよう。

単純化のために、片稼ぎ世帯において、世帯主が給与収入のみを獲得しているケースについて考えよう。この場合の所得税負担の基本的な計算方法は、第2章ですでに提示した通りである。第2章の手順に従って、給与収入が900万円のケースについて所得税負担を実際に計算してみよう。

まず、給与収入から給与所得控除を差し引いて給与所得を求める。2000年現在の給与所得控除の金額は、表8－1に示されている。ここで最低控除額の65万円は、この表を利用して求めた金額が65万円以下だった場合でも65万円の給与所得控除を保証するものであり、パートタイマーなど年収が低いときにしか使用しない。

給与収入が900万円の場合、給与所得控除の金額は、900万円×10％で計算しがちであるが、900万円の収入を稼ぐためには、まず180万円の収入を稼がなけ

表8－1　給与所得控除（2000年）

給　与　収　入	
180万円までの金額	40％
360　　〃	30
660　　〃	20
1,000　〃	10
1,000　〃	5
最低控除額　65万円	

ればならないことを忘れてはいけない。現行の給与所得控除は，収入金額の少ない間は，相対的に多くの割合の必要経費がかかり，収入が多くなるに従って，追加的な収入に占める経費の割合が低下するだろうと想定されている。すなわち，900万円のケースの給与所得控除の金額は，

$$180 \times 40\% + (360-180) \times 30\% + (660-360) \times 20\% + (900-660) \times 10\%$$
$$= 72 + 54 + 60 + 24 = 210 万円$$

となる。したがって，給与所得金額は，「900－210＝690万円」となる。この給与所得金額からは，所得控除が差し引かれることになる。

　所得控除は，サラリーマンの場合，基礎控除，配偶者控除，配偶者特別控除，扶養控除，社会保険料控除が適用されることになる。配偶者控除，配偶者特別控除は，配偶者の給与収入が課税最低限以下の場合には全額適用される。扶養控除は，扶養人員の数に依存することになる。扶養人員の数は，『家計調査年報』などに掲載されているものが利用できる。なお，扶養者の年齢によって割り増し控除が設定されているが，単純化のためここでは扶養割増の対象とならない扶養者が2人いるものと仮定しよう。基礎控除，配偶者控除，配偶者特別控除は，2000年現在，各38万円である。扶養控除は，扶養者1人について38万円である。社会保険料控除の金額は，1年間に支払った社会保険料の金額が全額控除対象となる。ところがわが国の社会保障制度のもとでは，各種社会保険制度ごとに保険料率が異なり，さらにサラリーマンについては，年収に応じて社会保険料が異なっている。平均的なサラリーマンの社会保険料については，財務省が課税最低限の計算の際に利用している簡易計算方式が存在する。表8

表8－2　財務省による社会保険料控除の簡易計算方式

給　与　収　入	割　合	加　算　額
900万円以下	10%	－
1,500万円以下	4 %	54万円
1,500万円超	－	114万円

出所：財務省ホームページ。
　　　http：//www.mof.go.jp/jouhou/syuzei/siryou/kozin/kozi14.htm参照。

－2は，この簡易計算方式をまとめたものである。仮に1,000万円の給与収入の場合には，社会保険料は，1,000万円に4％を乗じて，54万円を加えた金額となり，1,500万円超の場合には，114万円となる。

給与収入が900万円のケースには，「900×10％＝90万円」となる。

したがって，給与所得から所得控除を差し引いた課税所得は，

```
給与収入  基礎   配偶者  配偶者特別  扶養    社会保険料
 690 －（ 38  ＋  38  ＋  38   ＋38×2＋  90  ）
    ＝690－280＝410万円
```

となる。

この課税所得に表8－3の累進税率表を適用することで所得税額を求めることができる。この表も課税所得に対する限界税率を示したものであることに注意が必要である。たとえば課税所得が1,800万円の場合には，1,800万円×0.3ではなく，330万円以下の部分には限界税率10％が，330万円を超えて900万円までの部分には20％が，900万円を超えて1,800万円までの部分には30％の税率が限界的（追加的）に適用されるのである。

したがって，課税所得が410万円のケースにおいて，所得税額は，

$$330×10\% ＋（410－330）×20\% ＝33＋16＝49万円$$

となる。したがって，給与収入900万円のサラリーマンの所得税負担率は「49／900＝5.444…％」となる。この計算をみるとわかるように給与収入900万円のサラリーマンは，限界税率は20％が適用されているが，税負担率（平均税率）でみると約5.4％の負担となることがわかる。

表8－3　所得税の税率表（2000年）

課税所得	限界税率
330万円以下	10％
900　〃	20
1,800　〃	30
1,800万円超	37

以上のような計算は，電卓を用いても十分に計算可能であるが，データ数が多くなるとかなりの計算時間を要することになる。したがって，シミュレーション分析などの際には，表計算ソフトを利用したり，プログラム言語を利用した方が効率的である[1]。

(2) 所得税の再分配効果の計測

以上のようにして，税法に従い税制改革前後の税負担を計算できれば，税制改革による再分配効果も推計できる。再分配効果を計る尺度としては，ジニ係数，アトキンソン尺度，タイル尺度などがある[2]。このうち，タイル尺度は分析対象の所得分布をいくつかのグループに分割することで，グループ別およびグループ間の不平等度が，全体の不平等度にどのように影響しているかという寄与度分解が可能であるという点で優れている[3]。

まず，タイル尺度 T は，総所得を1に基準化したシェアの所得分配 $s = (s_1, \ldots, s_n)$ に対して，

$$T = \sum_{i=1}^{n} S_i \ln ns_i$$

と定義される。ただし，全データの合計である総所得で家計 i の所得を除算したものが s_i であり，s_i は第 i 家計の所得のシェアとする。タイル尺度は，0ならば完全平等，1ならば完全不平等を意味する。

このタイル尺度は，全体の所得分布をいくつかのグループに分解し，それぞれのグループ内のタイル尺度とそれぞれの寄与度から全体の所得分布についてのタイル尺度が説明できることが知られている。寄与度とは，ある変数の変動に対して，各要因がどれだけ影響しているかを表すものである。

そこで，このタイル尺度を利用して，村山税制改革による再分配効果を計測した橋本・上村 (1997) を例として，タイル尺度による再分配効果の計測方法について説明しよう。橋本・上村 (1997) は，所得階層を低所得階層，中 (下) 所得階層，中 (上) 所得階層，高所得階層の4つのグループに分解している。したがって，全体のタイル尺度は，低所得階層に属する世帯の所得が総所得に占める比率を W_L，中 (下) 所得階層および中 (上) 所得階層に属する世帯の所

得が総所得に占める比率をそれぞれW_{LM}とW_{UM}，高所得階層に属する世帯の所得が総所得に占める比率をW_Hとし，低所得階層内部のタイル尺度を$T(L)$，中（下）所得階層および中（上）所得階層内部のタイル尺度をそれぞれ$T(LM)$と$T(UM)$，高所得階層内部のタイル尺度を$T(H)$，各グループ間のタイル尺度（グループ間寄与度）を$T(L, LM, UM, H)$とおくと，

$$T = W_L T(L) + W_{LM} T(LM) + W_{UM} T(UM) + W_H T(H) + T(L, LM, UM, H)$$

と表されることになる。ただし，グループ間のタイル尺度は，低所得階層，中（下）所得階層，中（上）所得階層，高所得階層のそれぞれについて，平均所得と世帯数分布を求めることで計算される。また，低所得階層，中（下）所得階層，中（上）所得階層，高所得階層のタイル尺度が全体のタイル尺度に及ぼす寄与度は，各グループのタイル尺度にそれぞれのウエイトWをかけたものに等しくなる。

表8-4は，橋本・上村（1997）に掲載されているタイル尺度の寄与度分解である。この表では，ケース2：給与収入－改革前所得税負担額とケース3：

表8-4　タイル尺度の所得階層への寄与度分解とその変化率

	世帯数	改革前（ケース2）			改革後（ケース3）			タイル尺度変化率（％）
		タイル尺度	ウエイト	寄与度	タイル尺度	ウエイト	寄与度	
低所得階層	321	0.0141	0.2339	0.0033	0.0142	0.2329	0.0033	0.6980
中（下）所得階層	402	0.0040	0.4127	0.0016	0.0041	0.4120	0.0017	2.7117
中（上）所得階層	192	0.0040	0.2590	0.0010	0.0040	0.2596	0.0010	0.0582
高所得階層	50	0.0077	0.0944	0.0007	0.0081	0.0954	0.0008	4.5739
所得階層合計	965		1	0.0067		1	0.0068	
グループ間		0.0387		0.0387	0.0398		0.0398	2.8794
合計		0.0454		0.0454	0.0466		0.0466	2.6657

備考：1）　低所得階層500万円未満，中（下）所得階層500万円～700万円，中（上）所得階層700～1,000万円，高所得階層1,000万円超

　　　2）　タイル尺度変化率（％）＝100×（改革後タイル尺度－改革前タイル尺度）／改革前タイル尺度

出所：橋本・上村（1997）「税制改革の再分配効果－個票データによる村山税制改革の分析－」『関西大学経済論集』12ページ引用。

給与収入－改革後所得税負担額について，所得階層を低所得階層，中（下）所得階層，中（上）所得階層，高所得階層に分割したうえで，タイル尺度の寄与度分解が行われている。表をみると，各所得階層ごとにタイル尺度にそれぞれのウエイトを乗じると寄与度が計算できること，全体のタイル尺度が寄与度に分解できることが示されている。

第2節　間接税負担の計算方法

(1) 消費税以外の間接税負担の推計

　消費税のような間接税の短所としては，逆進性が存在する。この逆進性は，所得が上昇するにつれて間接税の負担率が低下することを指す。したがって，所得階級別に間接税の負担額がわかれば逆進性の度合いを実際に調べることができる。間接税の負担額は，所得階級別にみた消費額から推計することができる。ただし，ほぼすべての財・サービスに課税される消費税を除けば，酒税，自動車関係諸税などの個別の物品にのみ課税されている間接税の負担額を推計することは難しい。たとえば，酒税の所得階級別の負担率を調べる場合には，階級別の各種の酒の消費額が必要となるからである。『家計調査年報』には，かなり細かい品目分類が存在するので，間接税の課税対象となっている品目ごとに税法を適用し，間接税の負担額を推計することも可能だがかなりの作業量が要求されることになる。このようなミクロ・データから間接税負担を積み上げる方法以外には，マクロ的な税収から実効税率を推計する方法が存在する。そのような推計方法を採用した研究としては，林・橋本（1993）が存在する。林・橋本（1993）は，各年の『家計調査年報』，『国税庁統計年報書』を利用して1953年から1990年までの消費の10大消費項目についての消費税以外の間接税の実効税率を推計している。その推計手法の概略は以下のようにまとめることができる。

ステップ1：消費項目別家計総消費支出額の推計

　『家計調査年報』の10大消費項目（食料品，住居，光熱・水道，家具・家事用品，

被服・履物,保健医療,交通通信,教育,教養娯楽,その他)に,日本の総世帯数を乗じることによって日本全体の総消費支出額を推計する[4]。

ステップ2:マクロ税収の振り分け

『国税庁統計年報書』を用いて,酒税,たばこ税,自動車関係諸税などの消費税以外の間接税の税収決算額を,『家計調査年報』の10大消費項目別に振り分けて集計する。

ステップ3:実効税率の推計

ステップ2で求めた10大消費項目別の税収をステップ1で求めた10大消費項目別総消費支出額で割ることで,間接税の実効税率を推計する。

(2) 消費税の逆進性の推計

以上のような消費税以外の間接税負担の推計に比べると消費税の負担額の推計は非常に簡単である。なぜならば,消費税はほぼすべての財・サービスに課税されているからである。ただし,『家計調査年報』の消費支出額は,税込みであるので,消費税率が t のとき,実効税率は $t/(1+t)$,すなわち税率5%なら105分の5を税込み支出額に乗じる必要がある。

表8-5は,『家計調査年報』を用いて実際に消費税の逆進性を推計してみたものである。利用したデータは,勤労者世帯についての年間収入階級10分位の「勤め先収入」「消費支出」「食料」のみである。10分位とは,収入が低い方から10の階級に区分して,かつそれぞれの階級の世帯数分布が均等になるように加工したものである。『家計調査年報』のデータは年平均1か月当たりのデータなので,この表では年額に変換し,単位も万円単位に揃えた。

消費税の負担額は,この表の消費支出額に実効税率105分の5を乗じることで求まる。この負担額を勤め先収入で割れば,消費税の負担率が求まる。表では第1分位の負担率が4.1%であるのに対して,第10分位の負担率が2.7%となっており,消費税には逆進性が存在することが確認できる。この逆進性を緩和する措置として,仮に,食料品にゼロ税率を適用した場合には,負担率がどのように変化するかも簡単に計算できる。すなわち,各所得階級の消費支出額

第8章 シミュレーションの手法

表8－5 消費税の逆進性の推計　　　　（単位：万円）

	勤め先収入	消費支出	食料	負担額	食料品ゼロ税率時負担額	負担率	食料品ゼロ税率負担率
I	289.2	251.5	63.0	12.0	9.0	4.1%	3.1%
II	385.6	299.2	72.2	14.2	10.8	3.7%	2.8%
III	449.9	326.6	77.6	15.6	11.9	3.5%	2.6%
IV	503.7	339.2	80.6	16.2	12.3	3.2%	2.4%
V	561.8	382.3	88.2	18.2	14.0	3.2%	2.5%
VI	622.0	398.1	93.7	19.0	14.5	3.0%	2.3%
VII	693.4	440.4	96.1	21.0	16.4	3.0%	2.4%
VIII	781.2	480.9	103.6	22.9	18.0	2.9%	2.3%
IX	881.0	532.7	106.7	25.4	20.3	2.9%	2.3%
X	1,148.2	640.8	117.2	30.5	24.9	2.7%	2.2%
合計	－	－	－	194.8	152.1		

出所：『家計調査年報（平成12年）』総務庁より作成。

から食料品への支出額を差し引いて，消費税の実効税率105分の5を乗じるだけである。表からは，食料品にゼロ税率を適用すれば，第1分位の消費税の負担額が12万円から9万円に軽減されることがわかる。

ただし，食料品にゼロ税率を適用すれば，それだけ消費税の税収が減少することになる。仮に全体としての消費税の税収を一定にする必要があるときには，消費税の税率を引き上げなければならない。この税収を一定に保つような消費税の税率引上げ幅も，『家計調査年報』から推計可能である。税率の引上げ幅の推計には，ここで用いた勤労者世帯のデータではなく，全世帯のデータを利用することが望ましい。全世帯について，年間収入10分位階級別に「消費支出額」「食料」のデータが入手できるので，表8－5とほぼ同じ表が作成できる。

そこで表8－5が全世帯のデータで作成されたものと想定して，税率引上げ幅の推計方法を説明しよう。表には消費税が5％時の負担額と食料品にのみゼロ税率を適用し，食料品以外の消費支出に5％を適用したときの各所得階級の税負担額を合計した金額が，それぞれ194.8万円と152.1万円であることが表示されている。この合計した金額は，『家計調査年報』におけるモデル上の税収に相当する。つまりこの合計額に日本の総世帯数をかけたものが，消費税の総

税収額に近似的に一致するはずである。したがって，食料品にゼロ税率を適用したときの税収が，すべての財・サービスに消費税率5％を適用したときと等しい税収を満たすときには，この両者の数字が等しくなっているはずである。この表においては，「消費支出額」マイナス「食料」で求めた金額に乗じる税率を，5％から少しずつ引き上げた数字を試していけば，この両者の数字は接近していくことになる。最終的にこの両者の数字が等しくなる税率が，税収中立を保つ消費税率となる。

第3節　税収弾性値の推計

　税制改革について議論する場合，どのような税体系を構築すべきかという質的な問題に加えて，構築された税体系のもとで，どのくらい税収が得られるのかという量的な問題が重要な意味を持つ。1994年5月27日に村山内閣のもとでの税制改正の過程において，大蔵省（現財務省）は，「税制改革に関する機械的試算」を公表した[5]。この試算は，一定の前提のもとで減税財源をまかなうためには消費税の何％の引上げが必要かを一覧表の形で示したものである。当初大蔵省は，試算に基づき，消費税の税率を5％ではなく，7％まで引き上げようとしていた。

　この試算を左右していたのは，「名目成長率」「税収弾性値」「自然増収」の3つのキーワードである。長期的な税収の収支を予測するには，将来の「名目成長率」がどのくらいの水準になるかが重要な意味を持ってくる。経済が成長すれば，当然課税ベースも増加するため税収も増大することになる。さらに，わが国の税体系は累進構造を持つ所得税を中心とすることもあり，経済が成長し名目所得が増大すると，より高い税率区分に押し上げられるという「ブラケット・クリープ」と呼ばれる現象も生じることになる。これにより一般に税収の伸び率は，名目経済成長率を上回ることになる。「税収弾性値」とは，名目成長率が上昇したときにどの程度税収が増大するかを示したものである。税収弾性値が1を超えるときは，名目成長率の上昇を税収の増加率が上回ること

になる。「自然増収」とは、このようなプロセスにより当初の税収よりも増大した税収部分である。

大蔵省の機械的試算では、名目成長率を5％、税収の弾性値を1.1と仮定している。この大蔵省の機械的試算については、いくつかの改善すべき点が指摘できる。

第1の問題点は、税制改革による経済効果についてはまったく考慮されていない点である。景気対策として所得税減税を行えば経済成長率を押し上げる効果を持ち、逆に将来の消費税率の引上げは成長率を引き下げる効果を持つ。このようなマクロ経済に与える効果も考慮するためには、民間の研究機関や経済企画庁などの景気予測のためのマクロモデルの推計結果を利用すべきだろう。

第2の問題点は、税収の弾性値1.1という数字が、過去の税収と成長率のデータを参考にして、設定されている点である。統計データをさかのぼれば、過去の税収と成長率の変化率から税収の弾性値は簡単に計算できる。しかし、その弾性値はあくまでも過去の制度改正を反映した値となる。村山税制改革のように、所得税の税率表の改正をともなう場合には、過去の税収の弾性値が将来の予測に役立たない。

これらの問題点のうち前者については、本格的なマクロモデルを構築する必要があるのに対して、後者の問題点は第1節で説明した税法に従った所得税額の計算と各種の統計資料を組み合わせることで比較的簡単に克服することができる。そこでこの節では、税収弾性値の計測方法について解説しよう。

(1) 税務統計を用いた税収弾性値の推計方法

税収の弾性値 η は、一般に税収を T、所得を Y とおけば、

$$\eta = \frac{\Delta T}{T} \bigg/ \frac{\Delta Y}{Y}$$

と定義される。すなわち、税収の変化率を所得の変化率で割ればよいことになる。

そこで、大蔵省と同様に税務統計を利用して、所得税、法人税、消費税につ

いて税収の弾性値を求めてみたものが表8－6である。この表では，所得税の弾性値は，バブル期には2を超える高い値となっているのに対して，1992年と1994年にマイナスの値を示している。1992年の値はバブル崩壊による所得税収の落ち込みを反映し，1994年の値は，所得税の6兆円減税によるものと説明できよう。過去の税収の弾性値から将来の税収予測を行う場合には，1994年の値については所得税減税による一時的なものであるので，参考にすべき値とはならないといえよう。法人税については，所得税よりも弾性値の変動が激しいことがわかる。これは，法人税の税収が所得税以上に景気に敏感に反応することを意味している。消費税については1993年の弾性値が大きな値を示している。これは，景気の後退により名目成長率が落ち込んだにもかかわらず，消費税の税収額が安定的に増加しているためである。

大蔵省の機械的試算においては，このような過去の税収の弾性値を参考とし

表8－6　税収弾性値の推移

年	税収額（億円）			税収の弾性値			名目成長率
	所得税	法人税	消費税	所得税	法人税	消費税	
1980年	107,996	89,227	—	—	—	—	8.2%
1981年	119,804	88,225	—	1.5	−0.2	—	7.2%
1982年	128,455	91,346	—	1.4	0.7	—	5.1%
1983年	136,429	98,245	—	1.5	1.8	—	4.2%
1984年	140,638	113,402	—	0.5	2.3	—	6.7%
1985年	154,350	120,207	—	1.4	0.9	—	6.8%
1986年	168,267	130,911	—	2.0	2.0	—	4.4%
1987年	174,371	158,108	—	0.8	4.8	—	4.4%
1988年	179,538	184,381	—	0.4	2.5	—	6.6%
1989年	213,815	189,933	32,699	2.8	0.4	—	6.8%
1990年	259,955	183,836	46,227	3.0	−0.5	5.8	7.1%
1991年	267,493	165,951	49,763	0.5	−1.5	1.2	6.3%
1992年	232,314	137,136	52,409	−4.6	−6.1	1.9	2.8%
1993年	236,865	121,379	55,865	3.1	−18.3	10.5	0.6%
1994年	204,175	123,631	56,315	−23.0	3.1	1.3	0.6%
1995年	195,640	127,140	57,480	−5.4	3.7	2.7	0.8%

出所：大蔵省編『財政金融統計月報（租税特集）』各年版より作成。

第8章　シミュレーションの手法

て，国税総額についての税収弾性値を1.1と想定している。しかし，この表をみるとわかるように税収の弾性値は，景気の状況に加えて税制改正の影響も受けており，大きく変動していることがわかる。このことは，過去の値から税収の弾性値を設定することに問題があることを示しているともいえる。

(2) 所得税税収モデルを利用した税収弾性値の推計方法

そこで，今度は第1節で説明した所得税の計算を利用して，所得税税収モデルを構築し，税収弾性値を推計する手法を解説しよう。この手法は，各納税者の所得分布を利用することで可能となる。所得分布のデータとしては，『家計調査年報』の所得階級別の世帯数分布や『税務統計から見た民間給与の実態』に掲載されている所得階級別の納税者数などが利用できる。

具体的には，まず，税制改革後に予想される各納税者の所得税額を改正後の税法に従って計算し，その税額に所得分布を適用し，当初の所得分布に対応した所得税収を計算する。次に，当初の所得分布を1％だけ増加させたものに改革後の税制を適用し，所得税収を計算する。この税収額は，サンプル調査に基づく所得分布を使用したものであり，現実の納税者数とは一致しないため，税収額そのものは現実の税収額とはならない。しかし，ここで求めた2つの仮想的な税収額の差から税率表のもつ弾性値が計算できる。すなわち，所得が1％上昇したときの所得税収と当初の税収額の増加率を所得増加率1％で割れば，税収の所得弾性値の推計値となる。

以上のような手続きより，村山税制改革前後の所得税の弾性値を求めた結果，所得税の税収弾性値は，1993年税制については2.61，1997年税制については2.47という値になる。

第4節　コーホート・データの作成方法

　本書では，各世代の生涯所得や生涯消費のデータとして，コーホート・データ（Cohort Data）と呼ばれる世代別のデータを利用している。コーホート・データは，各世代の代表的家計のデータをトレースしたものであるため，ライフサイクル的な視点からの分析に際してきわめて有用なデータである。このため近年，コーホート・データを利用した分析が増加している。わが国では公表されているコーホート・データは存在しないため，本書では，『家計調査年報』（総務庁）のデータを利用してデータを作成した。

　まず，各年の『家計調査年報』における勤労世帯の世帯主年齢階級別のデータを用意する。『家計調査年報』の項目のなかで特に利用価値の高いのが，「世帯主収入」「定期収入」「世帯人員」「消費支出」と「食料」「住居」等の消費の10大項目である。これらのデータを用いれば，世代ごとに，生涯の所得税負担，消費税負担が計算できるからである。

　さて，各年の『家計調査年報』における世帯主年齢階級別のデータは，5歳きざみで掲載されている。そこで，この5歳刻みのデータを1歳刻みに加工する必要がある。それには，5歳刻みで隣接する2つの年齢階級の加重平均をとることによって，1歳刻みの所得データを作成する。たとえば，25歳から30歳までの階級のデータと30歳から35歳までの2つの隣接する年齢階級のデータを1歳刻みに加工するとしよう。それぞれの階級のデータは，当該階級の平均値でありその平均年齢は，年齢の中央値の前後になっている。そこで単純化のため，各年齢階級のデータは年齢の中央値のデータと想定する。このケースでは，それぞれ27歳と32歳のデータが与えられているものと考えるわけである。27歳と32歳のデータを1歳刻みに直すには，線形で補完する方法が考えられる。具体的には28歳のデータは，27歳のデータ×4／5＋32歳のデータ×1／5で求め，29歳のデータは，27歳のデータ×3／5＋32歳のデータ×2／5で計算できることになる。他の年齢についても同様の加重平均を行うことで，1歳刻み

第8章　シミュレーションの手法

に加工することができる。このようにして作成した各年の1歳刻みの所得データは，あくまでもそれぞれが各年のクロスセクション（横断面）・データとなっている。図8−1には，1990年，1991年，1992年における『家計調査年報』の世帯主勤め先収入に関するクロスセクション・データが描かれている。これらのクロスセクション・データからコーホート・データは作成される。たとえば，1940年生まれの家計は，1992年時点では52歳であったことになる。この家計は1991年時点では51歳，1990年時点では50歳であったはずである。図では，3年分しか表示していないが各年のクロスセクション・データを用意すれば，過去のコーホート・データを作成することができる。1940年生まれ以外の家計についても，同様の手順でコーホート・データが作成できることは容易に確認できよう。

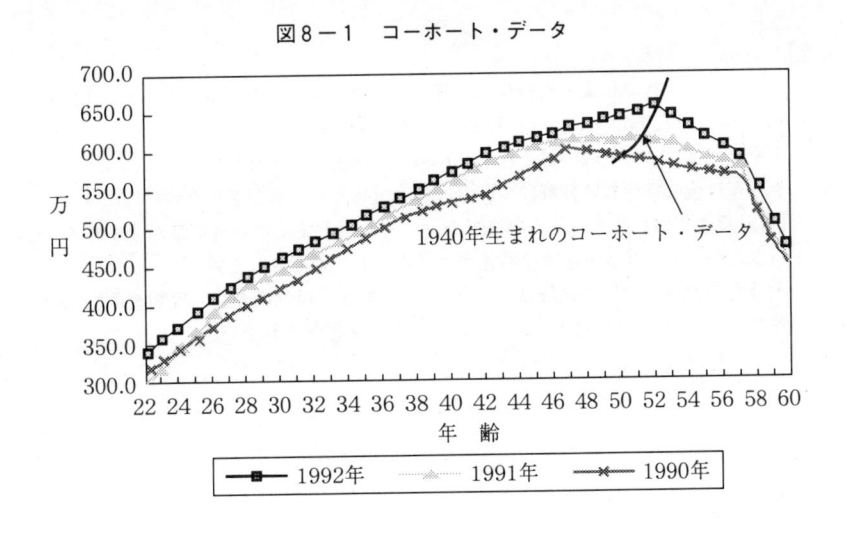

図8−1　コーホート・データ

［参考文献］

青木昌彦（1979）『分配理論』筑摩書房.
大竹文雄（1994）「1980年代の所得・資産分布」『季刊理論経済学』第45巻第5号.
大竹文雄・福重元嗣（1987）「税制改革案の所得再分配効果：『全国消費実態調査』によるシミュレーション分析」『大阪大学経済学』第37巻第3号.
橋本恭之・上村敏之（1997）「税制改革の再分配効果－個票データによる村山税制改革の分析－」『関西大学経済論集』第47巻第2号.
橋本恭之（1994）「個人所得課税の改革と具体的シミュレーション」『税経通信』vol.49, No.15.
林宏昭・橋本恭之（1993）「消費項目別の間接税実効税率の推計－1953年から1990年までの推移－」『四日市大学論集』第5巻第2号.
林宜嗣（1997）「所得税制度と税収弾性値」『総合税制研究』No.5.
古谷一之（1994）「税制調査会「税制改革についての答申」について」『税経通信』vol.49, No.10.
村上雅子（1984）『社会保障の経済学』東洋経済新報社.

〔注〕

1） フォートラン言語による所得税の計算プログラムは，筆者のホームページ http：//www3.plala.or.jp/hkyoji/index.htm で公開している.
2） 不平等尺度については，村上雅子（1984）の解説がわかりやすい.
3） タイル尺度の寄与度別分解については青木（1979）を参照されたい.
4） 『家計調査年報』はサンプル調査であり，また最近まで単身者世帯が含まれていなかったため，この推計方法では誤差が生じることに留意されたい.
5） 大蔵省の機械的試算の詳細は，古谷一之（1994）「税制調査会「税制改革についての答申」について」『税経通信』vol.49, No.10. を参照されたい.

インターネットで把握できる税制資料

＜ＷＥＢ版税制改革のシミュレーション入門について＞

　はしがきでも触れたように本書で提示した各種の税制シミュレーションは必ずしも最新のデータに基づいて行われたものではありません。本書を卒業論文を作成するために利用されている皆さんには，ぜひとも最新のデータで新たなシミュレーションを試みることをお勧めします。そのために，筆者のホームページである「財政学の館（http://www3.plala.or.jp/hkyoji/index.htm）」をぜひともご活用ください。本書で使用したコンピュータ・プログラムのいくつかもホームページからダウンロード可能です。また，各章で用いた図表のうち，官公庁のホームページで入手可能なものについては，ホームページ内の「Web版税制改革のシミュレーション入門」からリンクされています。

＜税制資料案内＞

　インターネットは，最新の税制資料を探す手段として非常に有効です。税制に関する資料を探すなら，まず財務省のホームページ（http://www.mof.go.jp/index.htm）にアクセスしましょう。なかでも税制調査会のページがお勧めです。政府の税制調査会の答申だけでなく，税制調査会に提出された各種資料が入手できます。税制について調べたいのであれば，国税庁のホームページ（http://www.nta.go.jp/）も必見です。特にキーワードを入れると，詳しい税法がわかる国税庁タックスアンサーのページ（http://www.taxanser.nta.go.jp/）が非常に便利です。内閣府のホームページ（http://www.cao.go.jp/）も便利です。ここには，電子政府の総合窓口と各種審議会へのリンクがあります。電子政府の窓口では，キーワードを入れると各省庁のホームページ上の情報を検索することが可能です。

＜税制関係統計データ案内＞

　税務統計については，前述した国税庁のホームページの統計資料のコーナーにあります。また財務省のホームページ上でも税制関係のデータがいくつか公開されています。また，総務省統計局・統計センターのホームページ (http://www.stat.go.jp/index.htm) 内に設置されている統計情報インデックスを利用すれば，自分が欲しいデータがどのような統計書に掲載されているのかをキーワード検索にて調べることが可能です。ただし，残念なことに直接データをダウンロードすることはできません。統計データそのものについては，図書館や資料室等で入手しなければなりません。

　税務統計以外で税制に関するシミュレーションに必要とされる統計データには，『家計調査年報』，『貯蓄動向調査年報』，『国民経済計算年報』などに掲載されている，物価，所得，消費などのデータがあります。これらのデータの一部は，総務省統計局・統計センターのホームページ (http://www.stat.go.jp/) からダウンロード可能です。

索　引

〔あ行〕

赤字法人 …………………………………105
赤字法人課税 ……………………………75
アトキンソン尺度 ………………………153
安定性 ……………………………………107
一般消費税 ………………………………52
インピューテーション方式 ………66, 76
インボイス方式 …………………………57
受取配当税額控除方式 …………………66
益税 …………………………………58, 59
応益性 ……………………………………107
大蔵省の機械的試算 ………………159, 160

〔か行〕

外形標準課税 ……………………………23
確定給付型年金 …………………………143
確定拠出型年金 …………………………144
貸倒引当金 ………………………………71
課税最低限 …………………………38, 90, 97
課税所得 …………………………………152
簡易課税制度 ………………………58, 59
完全統合方式 ……………………………66
簡素化 ……………………………………9
企業年金 …………………………………143
基準財政収入 ……………………………102
基準財政収入額 …………………………126
基準財政需要 ……………………………102
基準財政需要額 ……………………125, 126
犠牲説 ……………………………………7
逆交付税 …………………………………127
逆進性 ……………………………2, 52, 156
逆弾力性命題 ……………………………5
給与所得控除 ……………28, 31, 35, 150
共同税 ……………………………118, 121

均等絶対犠牲 ……………………………7
均等比例犠牲 ……………………………7
クロヨン …………………………………1
経済安定 …………………………………142
限界控除制度 ………………………58, 60
交際費 ………………………………70, 75
交際費の損金算入 ………………………21
公平 ………………………………………1
効率性 ……………………………………4
高率補助金 ………………………………124
コーホート・データ ………15, 162, 163
個人住民税 ………………………………104
国庫支出金 ………………………………123
国庫負担 ……………………………133, 142
固定資産税 ………………………………107

〔さ行〕

最小犠牲説 ………………………………7
財政保障機能 ……………………………101
最適課税論 …………………………5, 19
最適所得税論 ……………………7, 8, 9
最適非線型所得税 ………………………9
事業税 ……………………………………105
資源配分 …………………………………141
支出税 ………………………………3, 144, 145
自然増収 …………………………………158
実効限界税率 ………………………17, 18
ジニ係数 …………………………………153
支払配当控除方式 ………………………67
シャウプ勧告 ………………………40, 103
社会保険料控除 ……………146, 147, 151
社会保険料方式 ……………………141, 142
準備金 ……………………………………70
小規模宅地 …………………………90, 94
小規模宅地の特例措置 …………………88

167

消失控除制度……………………30
消費譲与税………………111, 113
消費税……………………47, 106
所得控除……………………151
所得再分配…………………141
所得税………………………104
所得捕捉率……………………2
所得捕捉率格差………………1
伸長性………………………107
垂直的公平……………………1
水平的公平……………………1
税源の重複…………………103
税収弾性値………158, 159, 161
税収中立性…………………122
税負担中立性………………122
税方式………………142, 143, 146
生命保険料控除……………146
ゼロ税率…………………3, 53, 57
相続税…………………………86
相続税の課税最低限…………86
相続税の課税状況……………96
租税負担率…………………149

〔た行〕

退職給与引当金………………72
タイル尺度……………153, 154
地価税………………………106
地方交付税…………………125
地方消費税……………106, 111
超過負担……………………5, 6
積立方式……………………132
定額補助金…………………124
電子申告…………………10, 11
等税収曲線……………………20
特別法人税…………………146

〔な行〕

内部収益率…………………133
ナショナル・ミニマム……123

2重の負担……………133, 147
納税者番号制度…………10, 22
能力説………………………104

〔は行〕

配当軽課措置…………………67
引当金…………………………70
付加価値税……………53, 104
賦課方式………………131, 142
複数税率………………………53
複数税率化……………2, 53, 55
不交付団体…………………102
負担分任……………………107
物価スライド………………141
部分統合方式…………………66
普遍性………………………107
フラット・タックス……………3
フリンジ・ベネフィット……21, 73, 74, 138
ふるさと創生事業…………125
平均税率累進性………………3
変動係数………………117, 122
包括的所得税…………144, 145
法人擬制説………………21, 66
法人実在説……………………67
法人住民税…………………105
法人税の税収比率……………68
法人税の転嫁……………63, 64

〔ま行〕

ミード報告……………………3
村山税制改革……………12, 27
名目成長率……………158, 159
免税業者………………………58

〔ら行〕

ライフサイクル資産………84, 85
ラッファー・カーブ……………4
ランプサム・タックス………9
利益説………………………104

累進課税……………………………… 3
累進性の定義………………………… 3
累進税率表 …………………………152
連結納税制度 ……………………77, 78

〔わ行〕

割増税率………………………………53

著者紹介

橋本　恭之（はしもと　きょうじ）

1960年　宝塚市に生まれる
1983年　関西大学経済学部卒業
1989年　大阪大学大学院経済学研究科単位取得退学
1989年　桃山学院大学経済学部助教授就任
現　在　関西大学経済学部教授，博士（経済学）大阪大学
著　書　『税制改革の応用一般均衡分析』関西大学出版部，1998年
ホームページ　http://www3.plala.or.jp/hkyoji/index.htm

著者との契約により検印省略

| 平成13年9月10日　初版発行 | 税制改革シミュレーション入門 |

著　者	橋　本　恭　之
発行者	大　坪　嘉　春
印刷所	税経印刷株式会社
製本所	株式会社　三森製本所

発行所　東京都新宿区下落合2丁目5番13号
株式会社　税務経理協会
郵便番号 161-0033　振替 00190-2-187408　電話(03)3953-3301(大代表)
　　　　　　　　　FAX(03)3565-3391　　　 (03)3953-3325(営業代表)
URL　http://www.zeikei.co.jp/
乱丁・落丁の場合はお取替えいたします。

Ⓒ　橋本恭之　2001　　　　　　　　　Printed in Japan

本書の内容の一部又は全部を無断で複写複製（コピー）することは，法律で認められた場合を除き，著者及び出版社の権利侵害となりますので，コピーの必要がある場合は，あらかじめ当社あて許諾を求めて下さい。

ISBN4-419-03779-2　C1032